Kauderwelsch
Band 119

Foto: G.Pardelli

Armenien ist berühmt für die vielen sakralen Baudenkmäler

Impressum

Robert Avak
Armenisch – Wort für Wort
erschienen im REISE KNOW-HOW Verlag Peter Rump GmbH
Osnabrücker Str. 79, D-33649 Bielefeld
info@reise-know-how.de

3. neu bearbeitete und verbesserte Auflage 2018

Bearbeitung Alexander Schwarz, Gohar Heymann
Layout Christine Schönfeld
Layout-Konzept Günter Pawlak, FaktorZwo! Bielefeld
Umschlag Peter Rump (Titelfoto: Robert Avak)
Kartographie Thomas Buri
Fotos Gianluca Pardelli, Fotolia.com, Dreamstime.com (Nachweis am Bild)
Gesamtherstellung Himmer GmbH Druckerei & Verlag, Augsburg

ISBN: 978-3-8317-6523-2
Printed in Germany

Wer im Buchhandel kein Glück hat, bekommt unsere Bücher auch direkt über unseren Internet-Shop:
www.reise-know-how.de

Die Internetseiten mit Aussprachebeispielen und der Zugriff auf diese über QR-Codes sind eine freiwillige, kostenlose Zusatzleistung des Verlages. Der Verlag behält sich vor, die Bereitstellung des Angebotes und die Möglichkeit der Nutzung zeitlich und inhaltlich zu beschränken. Der Verlag übernimmt keine Garantie für das Funktionieren der Seiten und keine Haftung für Schäden, die aus dem Gebrauch der Seiten resultieren. Es besteht ferner kein Anspruch auf eine unbefristete Bereitstellung der Seiten.

Der Verlag möchte die **Reihe Kauderwelsch** weiter ausbauen und **sucht Autoren!** Mehr Informationen finden Sie unter
www.reise-know-how.de/rkh_mitarbeit.php

Kauderwelsch

Robert Avak

Armenisch

Wort für Wort

Kauderwelsch heißt:

- Schnell mit dem **Sprechen** beginnen, auch wenn nicht immer alles korrekt ist.
- Von der **Grammatik** wird nur das Wichtigste in einfachen Worten erklärt.
- Alle Beispielsätze werden doppelt ins Deutsche übertragen: erst **Wort-für-Wort,** dann in normales Deutsch. Die Wort-für-Wort-Übersetzung hilft, die neue Sprache schneller zu durchschauen, außerdem lassen sich dadurch leichter einzelne Wörter im fremdsprachigen Satz austauschen.
- Es geht um die **Alltagssprache,** also das, was man tatsächlich auf der Straße hört.
- Die **Autoren** sind entweder Reisende, die die Sprache im Land selbst gelernt haben oder Muttersprachler.

Kauderwelsch-Sprachführer sind keine Lehrbücher, aber viel mehr als traditionelle Reisesprachführer. Wer ein wenig Zeit investiert, einige Vokabeln lernt und die Sprache im Land anwendet, wird **Türen öffnen,** ein Lächeln ins Gesicht zaubern und reichere Erfahrungen machen.

Talk to each other!

Kauderwelsch Aussprachetrainer

Kauderwelsch zum Anhören

Einzelne Sätze und Ausdrücke aus diesem Buch können Sie sich **kostenlos anhören.** Diese **Aussprachebeispiele** erreichen Sie über die im Buch abgedruckten QR-Codes oder diese Adresse: www.reise-know-how.de/kauderwelsch/119

Die Aussprachebeispiele im Buch sind Auszüge aus dem umfassenden Tonmaterial, das unter dem Titel **„Kauderwelsch Aussprachetrainer Armenisch"** separat erhältlich ist – als Download über Onlinehörbuchshops (ISBN 978-3-95852-012-7) oder auch über unsere Internetseite:

- **www.reise-know-how.de**

Alle Sätze, die Sie auf dem Aussprachetrainer hören können, sind in diesem Buch mit einem 👂 gekennzeichnet.

Inhalt

Inhalt

Konversation

Anhang

Foto: Alexander Ishchenko | Dreamstime.com

Historische Kirche, im Hintergrund der Ararat

Vorwort

Das uralte Volk der Armenier nennt sich Haj und ist sehr stolz auf seine Sprache. Das Wort Haj ist, wenn man den zahlreichen Legenden glauben darf, ursprünglich auf den als Urvater des Volkes bezeichneten Hajk^{h} zurückzuführen, während das Wort „Armenien " aus dem Griechischen stammt.

Auf Armenisch heißt das Land Hajaßtan (Armenien) oder Hajaßtani hanrapetut^{h}jun (Republik Armenien).

Etwa 90 Prozent der Einwohner der Republik sind Armenier, die restlichen 10 Prozent setzen sich aus Russen, Griechen, Kurden, Jesiden, Assyrern und anderen zusammen.

Fast alle Einwohner des Landes beherrschen neben ihrer Muttersprache auch Russisch, das als Gesamtsprache für alle Völker der ehemaligen Sowjetunion sehr lange eine dominierende Rolle gespielt hat. Im Armenischen gibt es daher noch viele russische Lehnwörter, vor allem im Bereich der Technik und Medizin, so dass viele ursprünglich armenische Wörter weniger gebräuchlich geworden sind.

Man sagt, dass Sprache viele Türen öffnet, hoffentlich wird dieser Sprachführer der geeignete Schlüssel dazu sein!

Robert Avak

Hinweise zur Benutzung

Der Kauderwelsch-Band „Armenisch" ist in drei wichtige Abschnitte gegliedert:

Grammatik

Die Grammatik beschränkt sich auf das Wesentliche und ist so einfach gehalten wie möglich. Deshalb sind auch nicht sämtliche Ausnahmen und Unregelmäßigkeiten der Sprache erklärt. Wer nach der Lektüre gerne noch weiter in die Grammatik einsteigen möchte, findet im Anhang einige Tipps zum Weiterlernen. Natürlich kann man die Grammatik auch überspringen und sofort mit dem Konversationsteil beginnen. Wenn dann Fragen auftauchen, kann man immer noch in der Grammatik nachsehen.

Konversation

In diesem Teil finden Sie Sätze aus dem Alltagsgespräch, die Ihnen einen ersten Eindruck davon vermitteln sollen, wie Armenisch „funktioniert" und die Sie auf das vorbereiten sollen, was Sie später in Armenien hören werden.

Wort-für-Wort-Übersetzung

Jede Sprache hat ein typisches Satzbaumuster. Um die sich vom Deutschen unterscheidende Wortfolge der Sätze auf Armenisch zu verstehen, ist die Wort-für-Wort-Übersetzung in *kursiver* Schrift gedacht. Jedem armenischen Wort entspricht ein Wort in der Wort-für-Wort-Übersetzung.

Wird ein armenisches Wort im Deutschen durch zwei Wörter übersetzt, werden diese zwei Wörter in der Wort-für-Wort-Übersetzung mit einem Bindestrich verbunden.

wortʰeR e kajaranë?
wo? ist Bahnhof-der
Wo ist der Bahnhof?

neroʀut^{h}jun, paron / tikin, Ani hjuranozë ur e?
Entschuldigung, Herr / Frau, Ani Hotel-das wo? ist
Verzeihen Sie, wo ist bitte das Hotel Ani?

Mit Hilfe der Wort-für-Wort-Übersetzung können Sie bald eigene Sätze bilden. Sie können die Beispielsätze als Fundus von Satzschablonen und -mustern benutzen, die Sie selbst Ihren Bedürfnissen anpassen. Mit einem kleinen bisschen Kreativität und Mut können Sie sich neue Sätze „zusammenbauen", auch wenn das Ergebnis nicht immer grammatikalisch perfekt ausfällt.

Werden in einem Satz mehrere Wörter angegeben, die man untereinander austauschen kann, steht ein Schrägstrich zwischen diesen.

Wörterlisten

Die Wörterlisten am Ende des Buches helfen Ihnen dabei. Sie enthalten einen Grundwortschatz von je ca. 1000 Wörtern Deutsch-Armenisch und Armenisch-Deutsch, mit denen man schon eine ganze Menge anfangen kann.

Umschlagklappe

Die Umschlagklappe hilft, die wichtigsten Sätze und Formulierungen stets parat zu haben. Aufgeklappt ist der Umschlag eine wesentliche Erleichterung, da nun die gewünschte Satzkonstruktion mit dem entsprechenden Vokabular aus den einzelnen Kapiteln kombiniert werden kann.

Wenn alles nicht mehr weiterhilft, dann ist vielleicht das Kapitel „Nichts verstanden? – Weiterlernen!" der richtige Tipp. Es befindet sich ebenfalls im Umschlag, stets bereit, mit der richtigen Formulierung für z. B. „Ich habe leider nicht verstanden." oder „Wie bitte?" auszuhelfen.

Land und Sprache

Armenisch (hajeren) ist eine der ältesten Sprachen der Welt und gehört zu einem unabhängigen Zweig der indogermanischen Sprachenfamilie und wird von insgesamt 7,5 Millionen Menschen gesprochen. Es ist die Muttersprache von etwa 3 Millionen Armeniern in der seit 1991 unabhängigen Republik Armenien, aber auch die der „Auslandsarmenier" oder „Armenier der Diaspora" (ßp^{h}jurrk^{h}ahajer), die allerdings eine andere Variante der Sprache sprechen, und zwar das Westarmenische (arewmtahajeren). Diese Variante wird vor allem von den in der Türkei, in Syrien, im Irak und anderen nahöstlichen Ländern lebenden Armeniern verwendet, außer dem Iran, wo man, wie in der Republik Armenien selbst und der ganzen ehemaligen UdSSR, Ostarmenisch (arewelahajeren) spricht. Dieser Sprachführer ist für Sprecher und Sprecherinnen der Ostvariante verfasst worden, und basiert nur auf dieser Variante, da die meisten Benutzer dieses Büchleins wohl in die Republik Armenien reisen werden. Mit dem Ostarmenischen kommen Sie allerdings auch gut weiter, wenn Sie sich im „westarmenischen" Sprachraum befinden sollten, obwohl viele behaupten werden, die Unterschiede seien erheblich. Die Unterschiede betreffen hauptsächlich den Satzbau und Wortschatz.

Die Karte zeigt, wo mehrheitlich Armenisch gesprochen wird

Das Armenische wurde im Laufe der Geschichte von vielen Sprachen beeinflusst, unter anderem vom Persischen und den Vorläufern des Griechischen. In der Zeit der Sowjetherrschaft wurde es in hohem Maße vom Russischen beeinflusst, so dass auch heute noch unzählige Lehnwörter aus dem Russischen ihren definitiven Eingang in die Sprache gefunden haben. Das Armenische kennt zahlreiche Dialekte, etwa 50 bis 75.

Alphabet und Aussprache

Das armenische Alphabet besteht in seiner heutigen Form aus 39 Buchstaben und wurde Anfang des 5. Jahrhunderts (etwa im Jahre 406) von Mesrob Maschtoz geschaffen. Die Schrift hat in den vergangenen Jahrhunderten in ihrer gegenwärtigen Form überlebt. Zur Schreibung der vielen Fremdwörter wurden im 12. Jahrhundert zwei neue Buchstaben eingeführt.

Die armenische Schrift verwendet Satzzeichen anders. Das Fragezeichen etwa steht immer über dem Vokal der letzten Silbe des Frageworts. Der Punkt entspricht unserem Doppelpunkt und umgekehrt. Ausrufezeichen werden nur sehr sparsam verwendet.

Die in der Tabelle aufgeführten Buchstaben sind nach der armenischen alphabetischen Reihenfolge geordnet.

Groß.	Klein.	Laut	Aussprache	Beispiel
Ա	ա	**a**	„a" wie in „**A**mboss"	**antarr** (Wald)
Բ	բ	**b**	„b" wie in „**B**onn"	**bant** (Gefängnis)
Գ	գ	**g**	„g" wie in „**G**esicht"	**girk^{h}** (Buch)
Դ	դ	**d**	„d" wie in „**D**orf"	**despan** (Botschafter)
Ե	ե	**e**	Im Inlaut „e" wie in „L**eh**rer"	**mez** (groß)
			Am Wortanfang „je" wie in „**je**tzt"	**jerschik** (Wurst)

Զ	զ	**s**	stimmhaftes „s“ wie in „**S**aft“	**sang** (Glocke)
Է	է	**e**	offenes und flaches „e“ wie in „**e**ndlich“	**eshan** (billig)
Ը	ը	**ë**	das dumpfe, kurze „e“ wie in „groß**e**“	**ëntrel** (wählen)
Թ	թ	**t^{h}**	behauchtes „t“ wie in „**T**iger“	**t^{h}az** (nass)
Ժ	ժ	**sh**	stimmhaftes „sch“ wie in „Eta**g**e“	**shpit** (Lächeln)
Ի	ի	**i**	„i“ wie in „**i**deal“	**iskapes** (wirklich)
Լ	լ	**l**	„l“ wie in „**L**aut“	**lar** (Saite)
Խ	խ	**ch**	rauhes „ch“ wie in „Ra**ch**e“	**chelok^{h}** (klug)
Ծ	ծ	**z**	unbehauchtes und stimmloses „ts“ etwa wie in „Bozen”	**zarr** (Baum)
Կ	կ	**k**	unbehauchtes „k“ etwa wie in „wir**k**lich“	**kat^{h}** (Milch)
Հ	հ	**h**	„h“ wie in „**H**arald“	**hamerg** (Konzert)
Ձ	ձ	**ds**	stimmhaftes „ds“ wie in „Run**ds**aal“	**dsajn** (Stimme)
Ղ	ղ	**ʀ**	stimmhafter Reibelaut „ch“, etwa wie deutsches „Zäpfchen-r“, **nicht gerollt!**	**ʀek** (Lenkrad)
Ճ	ճ	**tsch**	unbehauchtes „tsch“ etwa wie in „Ma**tsch**“	**tschagar** (Kaninchen)
Մ	մ	**m**	„m“ wie in „**M**ann“	**majr** (Mutter)
Յ	յ	**j**	„j“ wie in „**J**anuar“	**jot^{h}** (sieben)
Ն	ն	**n**	„n“ wie in „**N**acht“	**naw** (Schiff)
Շ	շ	**sch**	„sch“ wie „**Sch**ubert“	**schak^{h}ar** (Zucker)

Ո	ո	**wo**	Am Wortanfang „wo“ wie in „**Wo**rt“	**wotsch^h** (nein)
Ո	ո	**o**	Im Inlaut „o“ wie in „M**o**rd“	**hor** (Brunnen)
Չ	չ	**tsch^h**	behauchtes „tsch“ wie in „**Tsch**e**tsch**enien“	**tsch^{h}ap^{h}el** (messen)
Պ	պ	**p**	unbehauchtes und stimmloses „p“ wie in „Ku**p**fer“ oder französ. „**p**ère“	**pars** (klar)
Ջ	ջ	**dsch**	stimmhaftes „dsch“ wie in „**Dsch**ungel“	**dschori** (Maulesel)
Ռ	ռ	**rr**	rauhes, gerolltes Zungen-„r“	**rrumb** (Bombe)
Ս	ս	**ß**	stimmloses „s“ wie in „la**ss**en“	**ßeRan** (Tisch)
Վ	վ	**w**	„w“ wie in „**W**asser“	**wank^h** (Kloster)
Տ	տ	**t**	stimmloses und unbehauchtes „t“	**tak^h** (warm)
Ր	ր	**r**	weiches „r“ etwa wie engl. „**r**ed“	**rope** (Minute)
Ց	ց	**z**	„z“ wie in „O**z**on“	**zaw** (Schmerz)
Ու	ու	**u**	„u“ wie in „**U**ran“	**usel** (wollen)
Փ	փ	**p^h**	behauchtes „p“ wie in „**P**eter“	**p^{h}ajt** (Holz)
Ք	ք	**k^h**	behauchtes „k“ wie in „**k**alt“	**k^{h}aRak^h** (Stadt)
Եվ	և	**jew**	Zwielaut „jew“ am Wortanfang; „ew“ im Inlaut	**jewropa** (Europa) **jerewan** (Jerewan)
Օ	օ	**o**	„o“ wie in „**O**st“ oder „S**o**nne”	**orinak** (Beispiel)
Ֆ	ֆ	**f**	„f“ wie in „**f**ern“	**fakultet** (Fakultät)

Mitlaute (Konsonanten) nach Artikulationsart:

Verschlusslaute	**b, p, p^h, d, t, t^h, g, k, k^h**
Verbindung eines Verschlusslautes mit Reibelaut	**ds, z, z^h, dsch, tsch, tsch^h**
Reibelaute	**f, w, ß, s, sch, sh, ch, h**
Nasale (Luft entweicht durch die Nase)	**m, n**
Seitenlaute / Schwinglaute	**r, rr, l, R**

Die mit einem hochgestellten „h" gekennzeichneten Mitlaute sind stimmlos und behaucht auszusprechen, die anderen unbehaucht. Stimmhafte Mitlaute am Wortende sind stimmlos:

jerb *jerp*	wann
jerg *jerk*	Lied

Vokale (Selbstlaute) nach Artikulationsart:

vordere Reihe (hell):	**i, e**
mittlere Reihe:	**a, ë**
hintere Reihe (dunkel):	**o, u**

Der Vokal y, in der Tabelle durch **„ë"** repräsentiert, wird im Mitlaut manchmal zwar ausgesprochen, jedoch nicht geschrieben:

grel *gërel*	schreiben

Lautschrift

Die armenische Schrift hat mehr Buchstaben als die lateinische, und sie unterscheidet auch feiner zwischen den Lauten. Es gibt für die Verschlusslaute beispielsweise im Deutschen nur je zwei Varianten, eine stimmhafte und eine stimmlose (z. B. „b“ und „p“, „d“ und „t“, „g“ und „k“), im Armenischen aber drei!

Es wird im Armenischen unterschieden zwischen „stimmhaft“, „stimmlos, unbehaucht“ und „stimmlos, behaucht“. Das ist für Anfänger schwer auseinanderzuhalten, und auch den Unterschied herauszuhören, erfordert etwas Übung! Wir haben daher in der Lautschrift die behauchten Laute mit einem hochgestellten „h“ gekennzeichnet. In der armenischen Schrift ist das nicht notwendig, da es für jeden Laut einen eigenen Buchstaben gibt.

Das „r“ wird ganz leicht gerollt, das „rr“ stark gerollt. Der stimmhafte „ch“-Laut entspricht higegen beinahe dem deutschen „r“, hinten im Rachen gebildet, und ist daher mit „ʀ“ wiedergegeben, damit man ihn von den anderen unterscheiden kann.

Betonung

Die Betonung liegt meistens auf der letzten Silbe eines Wortes. Zwar gibt es auch Ausnahmen, aber als Faustregel genügt das für den Anfang.

Wörter, die weiterhelfen

Wo ist ...?

... ur e? / ur e ...? / wort^{h}ER e ...?
Wo ist ...?

neroRut^{h}jun, paron / tikin, Ani hjuranozë ur e?
Entschuldigung, Herr / Frau, Ani Hotel-das wo? ist
Verzeihen Sie, wo ist bitte das Hotel Ani?

ur e rreßtoranë / tschascharanë?
wo? ist Restaurant-das
Wo ist das Restaurant?

wort^{h}ER e kajaranë?
wo? ist Bahnhof-der
Wo ist der Bahnhof?

Noch einige Wörter, die Sie in derselben Weise verwenden können. Beachten Sie bitte den bestimmten Artikel (-ë oder -n am Ende des Wortes). Mehr zu den Artikeln im Kapitel „Hauptwörter".

sugaranë	die Toilette
sboßajgin	der Park
awtobußi kangarrë	die Bushaltestelle
jert^{h}URajin tak^{h}sin	das Sammeltaxi
tak^{h}ßin	das Taxi
metron	die U-Bahn
k^{h}ARak^{h}i kentrronë	die Innenstadt
t^{h}ert^{h}i kërp^{h}akë	der Zeitungskiosk
jekeREzin	die Kirche

Wörter, die weiterhelfen

t^{h}angaranë	das Museum
turißtakan bjuron	das Reisebüro
deRatunë	die Apotheke
(ßnndamt^{h}erk^{h}i) chanut^{h}ë	das (Lebensmittel-) Geschäft
p^{h}oßtatunë	das Postamt
herrachoßë	das Telefon
milizijan / woßtikanut^{h}junë	die Polizei
bshischkë	der Arzt
hiwandanozë	das Krankenhaus
deßpanatunë	die Botschaft
tomßarkRë	der Fahrkartenschalter

Einige Richtungshinweise zur Orientierung Verdeutlichung Ihrer Informationen:

(depi) atsch^h	(nach) rechts
(depi) dsach	(nach) links
atsch^h koRmë	auf der rechten Seite
dsach koRmë	auf der linken Seite
ajßteR e	hier ist es (es ist hier)
ajnteR e	es ist dort
uRiR	geradeaus
arrdshewum	vor
jetewum	hinten
dimazë	gegenüber
herru	weit
motik	nah

Ich möchte ... jes k^{h}usei ... / jes kusenaji ...

jes k^{h}usei (...) gnel.	Ich möchte (...) kaufen.
jes k^{h}usei (...) chmel.	Ich möchte (...) trinken.
jes kusenaji (...) gnel.	Ich möchte (...) kaufen.
jes kusenaji (...) chmel.	Ich möchte (...) trinken.

Die einzusetzenden Wörter hier im Akkusativ:

barraran	ein Wörterbuch
uREzujz	einen Reiseführer
mi schisch konjak	eine Flasche Weinbrand / Brandy
mi schisch gini	eine Flasche Wein
mirg	Obst
ßurtsch	Kaffee
mi bashak hjut^h	ein Glas Saft
tomß	eine Fahrkarte / Eintrittskarte

Übrigens kann man statt jes kusenaji (...) gnel auch jes këzankanaji (...) gnel verwenden, das in etwa bedeutet: „Ich hätte (...) zu kaufen gewünscht".

Etwas stärker ist jes usum em (...), das „ich will (...)" bedeutet, und einigermaßen dringlich klingt.

Anstatt gnel „kaufen" könnte man auch andere Tätigkeitswörter benutzen, die eine Handlung ausdrücken, z. B. chmel „trinken" oder utel „essen".

Wörter, die weiterhelfen

Haben Sie ...?

(...) unek^{h}?
Haben Sie ...?

nerezek^{h}, warzu ßenjak unek^{h}?
verzeihen-Sie, mieten-zum Zimmer habt(-ihr)?
Verzeihen Sie, haben Sie ein Zimmer frei?

ajo, unenk^{h}.	Ja, haben wir.
wotsch^{h}, zawok^{h}	Nein, haben wir leider nicht.

Was kostet ... ? / Was kostet es?

Im Armenischen ist der Satzbau relativ frei , wie man hier sehen kann.

intsch^{h} arshe (...) ?	Was kostet ... ?
work^{h}an arshe (...) ?	Wie viel kostet ... ?
intsch^{h}k^{h}an arshe (...) ?	

(...) intsch^{h} arshe?	Was kostet ... ?
(...) work^{h}an arshe?	Wie viel kostet ... ?
(...) intsch^{h}k^{h}an arshe?	

work^{h}an arshe tomßë?
wieviel? kostet Eintrittskarte-die
Was kostet die Eintrittskarte?

ßa intsch^{h} arshe?
das wieviel? kostet
Wieviel kostet das?

Hauptwörter (Substantive)

Zunächst eine erfreuliche Botschaft: Im Armenischen gibt es kein grammatikalisches Geschlecht. Das bedeutet, dass man bei der Verbbeugung nicht drei verschiedene Formen für männlich, weiblich oder sächlich lernen muss.

Bei Hauptwörtern kann sich die Grundform, wie im Deutschen auch, aus verschiedenen Gründen doch ändern, zum Beispiel beim Gebrauch des bestimmten Artikels (der, die, das). Der bestimmte Artikel wird immer an das Hauptwort angehängt.

Im Armenischen ist diese Endung jeweils -ë oder -n. Wenn das Hauptwort auf einem Mitlaut endet, so bekommt das Wort die Endung -ë, in übrigen Fällen die Endung -n. Zum Beispiel:

girk^h	Buch
girk^{h}ë	das Buch
avtomek^{h}ena	Automobil
avtomek^{h}enan	das Automobil

Fängt das nächste Wort mit einem Selbstlaut (Vokal) an, verwendet man allerdings ausnahmsweise doch die Endung -n. Beispiel:

girk^{h}n u avtomek^{h}enan	das Buch und das Auto

Hauptwörter (Substantive)

Wenn in einem Satz von Personen die Rede ist, bekommen diese ebenfalls einen Artikel in Form einer Endung.

paron Mowßißjanë	Herr Mowsisjan (der)
Leninë	Lenin (der)

Mehrzahl

Die Mehrzahl wird bei einsilbigen Hauptwörtern mit der Endung -er und bei mehrsilbigen Hauptwörtern mit -ner gebildet.

namak	Brief
namakner	Briefe
or	Tag
orer	Tage
avtomek^{h}ena	Auto
avtomek^{h}enaner	Autos
amiß	Monat
amißner	Monate
t^{h}ert^h	Zeitung
t^{h}ert^{h}er	Zeitungen

Es gibt allerdings einige Hauptwörter, die ausnahmsweise eine Lautveränderung erfahren, die etwas von der obigen Grundregel abweicht. Manche dieser Lautveränderungen sind zwar in der gesprochenen Sprache (wenn schnell gesprochen wird) kaum hörbar, müssen aber in der Schriftsprache korrekt geschrieben werden.

gin	Preis
gner	Preise
girk^{h}	Buch
grk^{h}er	Bücher
dsu	Ei
dswer	Eier
dschur	Wasser
dschrer	Gewässer

Es gibt auch hier wieder Ausnahmen, wobei man diese abweichende Mehrzahlform in der gesprochenen Sprache doch deutlich aussprechen sollte. Diese muss man schlicht lernen, dafür gibt es leider keine Regel. Hier sind einige wichtige Beispiele:

lerr	Berg
lerrner	Berge
durr	Tür
drrner	Türen
mat	Finger (Ez)
mat^{h}ner	Finger (Mz)
wotk^{h}	Fuß
wot^{h}ner	Füße

Hinweisende Fürwörter

Hinweisende Fürwörter (dieser, jene, solcher) werden je nach Abstand vom Sprecher in drei verschiedene Kategorien eingegliedert und können sich sowohl auf Personen als auch auf Sachen beziehen.

ajß / ßa	diese(r, -es) hier
ajd / da	diese(r, -es)
ajn / na	jene(r, -es)

Man kann auch zusammengesetzte Formen bilden:

ajßteR	hier
ajdteR	dort, da
ajnteR	dort
ajßpeß	so
ajdk^{h}an	so viel

Es sei erwähnt, dass hinweisende Fürwörter in Kombination mit grammatischen Fällen ebenfalls gebeugt werden können. Einige Beispiele im Deutschen sind „damit“, „davon“, „darin“, „dafür“. Die Fälle werden im Kapitel „Die 7 Fälle“ erklärt.

Eigenschaftswörter (Adjektive)

Im Gegensatz zum Deutschen werden Eigenschaftswörter im Armenischen nicht gebeugt (guter Mann, des guten Mannes, einer schönen Frau, usw.). Die Form des Eigenschaftswortes ändert sich nicht.

Diese Wortart kann übrigens in vielen Fällen auch als selbstständiges Hauptwort gebraucht werden. (Vergleiche auch im Deutschen.)

hiwand aRdschikë	das kranke Mädchen
hiwandë	der / die Kranke

Hier einige Beispiele wichtiger Eigenschaftswörter:

hin	alt
eshan	billig
lajn	breit
hast	dick
mut^h	dunkel
neR	eng
ßchal	falsch
herru	fern
asat	frei
t^{h}arm	frisch (Obst)
hatscheli	angenehm
t^{h}t^{h}u	sauer (Geschmack)
urach	glücklich, fröhlich

Eigenschaftswörter (Adjektive)

mez	groß
law	gut
tak^h	heiß/warm
hetak^{h}rk^{h}ir	interessant
p^{h}ok^{h}r	klein
dsri	kostenlos
hiwand	krank
kartsch	kurz

ßirun/geRezik	schön
jerkar	lang
dandaR	langsam
datark	leer
heschct	leicht (einfach)
hognaz	müde
nor	neu
tschischt	richtig
hangißt	ruhig
wat	schlecht
mak^{h}ur	sauber
arag	schnell
kzu	scharf (Geschmack)
aRi	salzig
usheR	stark
argelwaz	verboten
wiraworwaz	verletzt
karewor	wichtig
t^{h}et^{h}ew	leicht (Gewicht)
dshwar	schwer (kompliziert)
k^{h}aRzaz	hungrig

Farben

ßew	schwarz
dartsch^{h}nagujn	zimtfarbig
schaganak^{h}agujn	braun
narndschagujn	orangefarben, orange
ßpitak	weiß
karmir	rot
kapujt	blau
kanatsch^{h}	grün
deʀin	gelb
wardagujn	rosa
manuschakagujn	violett

Foto: rparys, fotolia.com

Prächtige Farben auf dem Markt in Jerewan

Ableitungen von Eigenschaftswörtern

Eigenschaftswörter haben nicht nur einen eigenschaftsbeschreibenden Charakter, sondern lassen sich ebenfalls nach ihrer Bedeutung unterscheiden.

Normalerweise werden die Endungen einfach an das jeweilige Grundwort (Hauptwort oder Tätigkeitswort) angehängt und schon erhält man ein abgeleitetes Eigenschaftswort.

Wir behandeln im folgenden die wichtigsten Kategorien mit ihren spezifischen Bildungsendungen:

Eindruckswörter

Eindruckswörter kennzeichnen einen Eindruck, eine Beschaffenheit, Ähnlichkeit, Neigung oder gewisse Eigenschaft. Bildungen oft auf -ot und -ajin:

k^{h}arot	steinig
juʀot	fettig
wachkot	furchtsam
keʀtot	schmutzig
lerrnajin	bergig

Eignungswörter

Eignungswörter geben eine Möglichkeit oder Fähigkeit an; Nachsilben -i, -arar, -zuzit^{h}sch:

chmeli	trinkbar
pitani	nützlich
anmorranali	unvergesslich
sowazuzitsch^{h}	erfrischend
hognezuzitsch^{h}	ermüdend
arroRdscharar	heilsam

Verhaltenswörter

Verhaltenswörter sind Ableitungen von gesellschaftlichen Begriffen, Herkunft, Art, Merkmal und Besitzbezeichnungen. Die Endungen lauten meistens -akan, -awor, -ali, -ik:

ënkerakan	freundschaftlich
k^{h}aRak^{h}akan	politisch
kokik	ordentlich
grawor	schriftlich
wtangawor	gefährlich
hnarawor	möglich
anhaßkanali	unverständlich
hraschali ardsakurd	wunderbare Ferien

orakan	täglich
hajkakan	armenisch
germanakan	deutsch
awßtriakan	österreichisch

Orientierungswörter

Angaben über Raum und Zeitdauer, Beziehungen, Herkunft, Stoffbezeichnungen und Eigennamen werden gebildet mit -in, -i, -akan, -awun:

nerk^{h}in	innere
artak^{h}in	äußere
midschin	mittlere
woßke	golden
jerkat^{h}e	eisern
petakan	staatlich
ajßteRi	hiesig
ajnteRi	dortig
jerku shamanoz (ajzelut^{h}jun)	zweistündig (-er Besuch)
jerekwa	gestrig
himikwa	jetzig
nachkin	ehemalig
ogtawet	günstig, heilsam
karmrawun	rötlich
hnarawor	möglich
bshschkakan (hetasotut^{h}jun)	ärztlich (-e Untersuchung)
sgajun (mort^{h})	empfindlich (-e Haut)

Umstandswörter (Adverbien)

Umstandswörter kann man nach ihrem Charakter in einige Kategorien einteilen:

Umstandswort der Zeit

hima	jetzt
jerek	gestern
waRë	morgen
heto	später
noriz	nochmals
ajßor	heute
schutow	bald
ißkujn	auf der Stelle, sofort

Umstandswort des Ortes

ajßteR	hier
amenur	überall
nerß	drinnen, innerhalb
durß	draußen, außerhalb
atsch^h	rechts
dsach	links
uRiR	geradeaus
ajlur	anderswo

... der Art und Weise und der Menge

ajßpeß	so, auf diese Art
miajn	nur
schat	sehr, in hohem Grade

ßirow	gerne, „mit Liebe / Vergnügen“
bardsr	laut, hoch
motaworapeß	etwa, ungefähr

Es gibt auch von Eigenschaftswörtern bgeleitete Umstandswörter (Adverbien), z.B.:

bardsr dsajn	laute Stimme
bardsr jergel	laut singen

Steigern und Vergleichen

Beim Vergleich sprachlicher Vorstellungen sind sowohl bei den Eigenschaftswörtern als auch bei den Umstandswörtern drei Steigerungsstufen zu unterscheiden: die Grundstufe (Positiv) und die Vergleichsstufen I und II (Komparativ und Superlativ).

Grundform:	hoch
Vergleichsstufe I:	höher
Vergleichsstufe II:	höchst- / am höchsten

Bei der Bildung der Vergleichsstufe I steht im Armenischen üblicherweise das Wort aweli (mehr) vor der Grundform:

herru	fern
aweli herru	ferner
mez	groß
aweli mez	größer

Die Vergleichsstufe II wird in den meisten Fällen durch Anhängung von amena- oder ameniz an die Grundform gebildet:

amenaherru	am fernsten
amenamez	größt- / am größten, ältest- / am ältesten
amenat^{h}ank	teuerste

Bei Vergleichen, bei denen die Bedeutung „mehr als" gemeint ist, verwendet man aweli k^{h}an.

aweli k^{h}an 5000 dram	mehr als 5000 Drams
aweli k^{h}an 30 turißt	mehr als 30 Touristen

Wenn zwei Personen oder Sachen miteinander verglichen werden, gebraucht man im Armenischen aweli ... k^{h}an (mehr ... als), oder -iz aweli (von ... mehr). Beispiele:

Zur (Ablativ-)Endung -iz siehe das Kapitel „Die 7 Fälle".

Aschotë aweli mez e k^{h}an Gework^{h}ë.
Aschot-der mehr alt ist als Gework-der
Aschot ist älter als Gework.

oder: **Aschotë Gework^{h}iz aweli mez e.**
Achot-der Gework-aus mehr alt ist
Aschot ist älter als Gework.

Persönliche Fürwörter

Im Gegensatz zum Deutschen sind die armenischen Fürwörter nicht geschlechtsbezeichnend, das heißt, einen Unterschied zwischen „er/sie", „ihm/ihr", „ihres/seines" gibt es nicht.

Die Höflichkeitsform („Sie") bei formellen Anlässen ist Duk^h *(„ihr") und sollte immer verwendet werden, wenn man jemanden gerade erst kennengelernt hat oder nur oberflächlich kennt.*

jeß	ich
du	du
na	er/sie/es

menk^h	wir
duk^h	ihr
nrank^h	sie

Besitzanzeigende Fürwörter

Besitzanzeigende Fürwörter stehen vor dem jeweiligen Hauptwort oder werden anstelle von diesem benutzt, etwa wie folgt:

im	mein
k^ho	dein
nra	sein / ihr
mer	unser
dser	euer
nranz	ihr

imë	der/die/das meine
merë	der/die/das unsere
kʰonë	der/die/das deine
dserë	der/die/das eure
nranë	der/die/das seine / ihre
nranzë	der/die/das ihre

im jerkirë	mein Land
dser ënkerë	Ihr Freund / euer Freund
mer hjuranozë	unser Hotel

(Höflichkeitsform)

Verben und Zeiten

Das moderne Armenisch hat das Verbalsystem des klassischen Armenisch neu gestaltet. Die Gegenwartsform (Präsens, nerka) und die unvollendete Vergangenheitsform (Imperfekt anzjal ankatar) deuten im Unterschied zum Altarmenischen auf einen analytischen Sprachbau hin. Das heißt, dass bei der Beugung (also beim Bilden der Personal-, Zeit-, Aussage- und Zeitformen) die verschiedenen Angaben zu Zeit, Person, Zahl, usw. auf mehrere Wörter verteilt werden:

berum em	**berum ei**
bringen-beim (ich-)bin	*bringen-beim (ich-)war*
(ich) bringe	(ich) brachte

Die Grundform des Verbs (Infinitiv), beispielsweise „lesen" oder „schreiben" endet entweder auf -el oder -al. Beispiele:

grel	schreiben
kardal	lesen

Aus der Grundform entsteht der Stamm, indem man die Endungen -el und -al weglässt. In den obigen Beispielen erhält man dann die Stämme gr und kard.

Zur Bildung der Gegenwartsform des Armenischen wird dem jeweiligen Stamm die Nachsilbe -um angehängt:

Diese Form lautet für alle Personen gleich! Wer es ist, der etwas tut, kann man also nur am Hilfsverb erkennen.

grum	schreibe
(„am Schreiben" oder „schreibend")	
kardum	lese
(„am Lesen" oder „lesend")	

Zur Vervollständigung der Gegenwartsform folgt jetzt jeweils ein Hilfsverb, und zwar stets eine Form des Hilfsverbs linel („sein"). Deshalb im Folgenden zunächst die Beugung des Verbs linel:

(jes) em	(ich) bin
(du) eß	(du) bist
(na) e	(er/sie/es) ist

(menk^h) enk^h	(wir) sind
(duk^h) ek^h	(ihr) seid
(nrank^h) en	(sie) sind

Ein Beispielsatz:

jes hajeren haßkanum em.
ich Armenisch-das verstehen-beim bin
Ich verstehe Armenisch.

Die Beugung am Beispiel grel „schreiben"
lautet dann so:

grum em	(ich) schreibe
grum eß	(du) schreibst
grum e	(er/sie/es) schreibt

grum enk^h^	(wir) schreiben
grum ek^h^	(ihr) schreibt
grum en	(sie) schreiben

Ein weiteres Beispiel, nun mit einem Verb
mit -al-Endung: kardal – lesen.

kardum em	(ich) lese
kardum eß	(du) liest
kardum e	(er /sie) liest

kardum enk^h^	(wir) lesen
kardum ek^h^	(ihr) lest
kardum en	(sie) lesen

Der Großteil aller armenischen Verben kann auf die obige Weise gebeugt werden. Nur in einigen Ausnahmefällen (unregelmäßige Verben) weicht die regelmäßige Beugung von der obigen Formel etwas ab, wie z. B.

gal+iß+em	(ich) komme
gal+iß+eß	(du) kommst
gal+iß+e	(er/sie) kommt
gal+iß+enk^h	(wir) kommen
gal+iß+ek^h	(ihr) kommt
gal+iß+en	(sie) kommen

Die Endung -um wird ebenfalls für die Bildung der „unvollendeten" Vergangenheitsform verwendet, darüber später mehr.

Wichtige Tätigkeitswörter

aschchatel	arbeiten
ap^{h}rel	leben
barewel	begrüßen
bazel	öffnen
gnal	gehen
gnel	kaufen
grel	schreiben
sangel	anrufen
t^{h}argmanel	übersetzen
lßel	hören
chmel	trinken
kantsch^{h}el	rufen
kardal	lesen
najel	(sich an)sehen
utel	essen
parel	tanzen
ßoworel	lernen
p^{h}ochel	wechseln
k^{h}nel	schlafen
ognel	helfen

Zukunft (Futur)

Die Zukunftsform kann im Armenischen auf verschiedene Weise ausgedrückt werden:

1. bei Wünschen, Vermutungen, Plänen:

   Stamm + Endungen

2. bei vorausblickender Erwartung oder wenn sich der Sprecher seiner Sache ziemlich sicher ist:

   kë- + Stamm + Endungen

3. bei Verabredungen, Vorbestimmungen, Verbindlichkeiten oder Verpflichtungen

   piti + Stamm+Endungen

Endungen für die Zukunftsform:

Person	Verben auf -el	Verben auf -al
1. Ez., ich	-em	-am
2. Ez., du	-eß	-aß
3. Ez., er / sie	-i	-a
1. Mz., wir	-enkʰ	-ankʰ
2. Mz., ihr	-ekʰ	-akʰ
3. Mz., sie	-en	-an

Die Endungen ähneln der Gegenwartsform von linel, die 3. Person Einzahl bekommt hier aber die Endung -i statt -e.

Als Beispiel grel („schreiben“):

(= Plan, Wunsch)

grem	ich werde schreiben
greß	du wirst schreiben
gri	er/sie wird schreiben
grenkʰ	wir werden schreiben
grekʰ	ihr werdet schreiben
gren	sie werden schreiben

(sicher)

këgrem	ich werde schreiben
këgreß	du wirst schreiben
këgri	er/sie wird schreiben
këgrenkʰ	wir werden schreiben
këgrekʰ	ihr werdet schreiben
këgren	sie werden schreiben

(= Verpflichtung)

piti grem	ich werde schreiben
piti greß	du wirst schreiben
piti gri	er/sie wird schreiben
piti grenkʰ	wir werden schreiben
piti grekʰ	ihr werdet schreiben
piti gren	sie werden schreiben

Genau so geht es auch mit Verben auf -al

Gnazkʰë piti mekni shamë taßin.
Zug-der muss abfahren Uhr-die zehn-um
Der Zug muss um zehn Uhr abfahren.

Na piti aschchati.
er/sie/es muss arbeitet
Er muss arbeiten. (wie jeder andere auch)

Jeß piti hajeren choßem.
ich muss Armenisch spreche
Ich muss Armenisch sprechen. (sonst werde ich die Sprache ja nie lernen können)

Eine weitere Methode, die Zukunft auszudrücken, gestaltet sich relativ einfach. An die Grundform des Verbs wird die Nachsilbe -u angehängt; hiernach folgt die Gegenwartsform von linel (sein) in der jeweiligen Person.

Jeß grelu em.
ich schreiben-werden bin
Ich werde schreiben.

Menk^h galu enk^h Aschtarak.
wir kommen-werden sind Ascht'arak'
Wir werden nach Aschtarak kommen.
(haben die Absicht)

Vergangenheit

Die Formen des Imperfekts, also der Vergangenheit eines ablaufenden Vorgangs, für das Tätigkeitswort linel (sein) sind wie folgt:

ei	ich war
eir	du warst
er	er / sie war

eink^h	wir waren
eik^h	ihr wart
ein	sie waren

menk^h Jerewanum eink^h.
wir Jerewan-in waren
Wir waren in Jerewan.

Der Imperfekt, die vollendete Vergangenheitsform, bezieht sich fast ausschließlich auf eine einzige Situation in der Vergangenheit, mit der Vorstellung eines mehr oder weniger genauen Zeitpunktes, der abgelaufen ist.

Den Imperfekt kann man im Deutschen mit der einfachen Vergangenheitsform vergleichen (er lachte, er schrieb). Zunächst werden wir uns jene Tätigkeitswörter ansehen, die auf -el, -nel und -znel enden.

Die erste Gruppe

In dieser Form bestehen drei Gruppen von Endungen:

-i	**gorzezi**	ich arbeitete
-ir	**gorzezir**	du arbeitetest
–	**gorzez**	er/sie/es arbeitete
-inkʰ	**gorzezinkʰ**	wir arbeiteten
-ikʰ	**gorzezikʰ**	ihr arbeitetet
-in	**gorzezin**	sie arbeiteten

Für die erste Gruppe gilt, dass dem Stamm der Grundform des Verbs -ez hinzugefügt wird. Ein Beispiel: grel (schreiben).

Grundform	**grel**	schreiben
Stamm der Grundform	**gr-**	
Imperfekt-Stamm	**grez-**	
	grez	ich schrieb

Die zweite Gruppe

-a	**ßtaza**	ich bekam
-ar	**ßtazar**	du bekamst
-aw	**ßtazaw**	er/sie/es bekam
-ank^h	**ßtazank^h**	wir bekamen
-ak^h	**ßtazak^h**	ihr bekamt
-an	**ßtazan**	sie bekamen

Den Imperfekt-Stamm für die zweite Kategorie bildet man, indem die Endungen -nel oder -t^hschel der Grundform des Verbs zunächst einfach weggelassen werden. Diese werden durch die jeweilige gewünschte Endung der zweiten Kategorie ersetzt. Hierzu auch ein Beispiel: teßnel (sehen).

Grundform des Verbs	**teßnel** sehen
Imperfekt-Stamm	**teß-** sah-
	teßa ich sah

Die dritte Gruppe

Die dritte Kategorie, nämlich bei manchen Tätigkeitswörtern, deren Grundform auf -znel endet, z. B. anzkaznel („erleben, hinter sich bringen, durchmachen“), wird folgendermaßen gebildet: Das -nel der Grundform wird gestrichen und durch -r ersetzt, dem dann eine der persönlichen Endungen der ersten Kategorie hinzugefügt wird.

Grundform	**anzkaznel**
Imperfekt-Stamm	**anzkaz-** + **-r**
	anzkazri ich erlebte

Für Verben, die auf -al enden, gibt es zwei Kategorien. Bei der ersten wird die Endung -al der Grundform des Verbs durch -az ersetzt und mit einer der persönlichen Endungen der ersten Kategorie (siehe oben) ergänzt. Beispiel kardal „lesen“:

Grundform	**kardal**
Imperfekt-Stamm	**kardaz-**
	kardazi ich las

Die zweite Kategorie besteht aus Tätigkeitswörtern, die auf -nal, -enal oder -anal enden. Hier handelt man folgendermaßen: Das -n- in den Endungen wird gestrichen, ein -z- wird dazugegeben, darauf folgt eine besondere Reihe, nämlich:

Einzahl	Mehrzahl
-a	**-ank^{h}**
-ar	**-ak^{h}**
-aw	**-an**

Beispiel: morranal *„vergessen“:*

Grundform	**morranal** vergessen
Imperfekt-Stamm	**morra-**
	morraza ich vergaß

Perfekt

Die Bildung ergibt sich ganz einfach, nämlich durch Anhängung von -el an den Stamm der Grundform eines Verbes, zusammen mit der Gegenwartsform des Verbes linel sein als Hilfsverb. In der Praxis sehen die Grundform und die neugebildete Stamm + -el Kombination vollkommen gleich aus und sind nicht voneinander zu unterscheiden. Beispiel teßnel „sehen":

Grundform	**teßnel** sehen
Stamm + -el	**teß + el + em**
+ Gegenwartsform von linel	
(am Beispiel 1. Person Ez)	**teßel em**
	ich habe gesehen

Für Verben, die auf -al enden, gelten dieselben Regeln, mit dem Unterschied, dass in diesen Fällen der Imperfekt-Stamm (siehe Beispiel morranal) zum Vergangenheitsmittelwort -el hinzugefügt wird:

Grundform	**morranal** vergessen
	morra- + -z-el + em
	ich habe vergessen

Befehlsform (Imperativ)

Die Befehlsform eines Verbs gibt einen Wunsch oder eine Aufforderung des Sprechers wieder. Die Imperativformen im Armenischen beschränken sich üblicherweise auf zwei Varianten: Die 2. Person Einzahl („du“) und die 2. Person Mehrzahl („ihr“).

Die Bildung der Formen in der Einzahl erfolgt bei Tätigkeitswörtern, die auf -el enden, durch Anhängung von -ir und bei Wörtern auf -al durch Anhängung von -a an den Stamm des Verbes.

Bei Verben auf -nal wird -ir, bei Verben auf -znel wird -ru an den Imperfekt-Stamm angehängt. Bei Grundformen der Verben auf -nel und -t^{h}schel wird jeweils das n und t^{h}sch des Stammes weggelassen und -ir angehängt.

Einige Beispiele:

<table>
<tr><th>Grundform</th><th>Stamm</th><th>Befehlsform</th><th></th></tr>
<tr><td>choßel</td><td>choß-</td><td>choßir</td><td>Sprich!</td></tr>
<tr><td>g| |nal</td><td>gn-</td><td>gna</td><td>Geh!</td></tr>
<tr><td>harznel</td><td>harz-</td><td>harzru</td><td>Frage!</td></tr>
</table>

Es gibt leider auch bei manchen Verben unregelmäßige Formen, dazu gehören z. B. anel (tun, machen), utel (essen), gal (kommen), tal (geben). Hier eine kleine Kostprobe für die 2. Person Einzahl.

ara	Tue!
ker	Iss!
jek	Komm!
tur	Gib!

Bei der 2. Person Mehrzahl gibt es die folgenden Regeln: Bei vielen Verben, die auf -el enden, gilt, dass sie die Nachsilbe -ezek^h am Verbstamm tragen; bei jenen auf -nel wird dagegen die Nachsilbe -ek^h ohne das -n- an den Verbstamm angehängt. Verben auf -t^{h}schel bekommen wiederum -ek^h an den Stamm, diesmal ohne das -t^{h}sch-. Tätigkeitswörter auf -znel tragen -rek^h am Imperfekt-Stamm, jene auf -al jedoch -azek^h (auch am Imperfekt-Stamm). Schließlich haben jene auf -nal die Nachsilbe -zek^h am Ende ihres Imperfekt-Stammes. Beispiele:

Grundform	Stamm	Befehlsform	
grel	**gr-**	**grezek^h**	Schreibt!
harznel	**harz-**	**harzrek^h**	Fragt!
kardal	**kard-**	**kardazek^h**	Lest!

(oder grek^h*)*

Übrigens kann die Befehlsform durch die Partikel (Lagewort) mi (nicht) verneint werden. In diesen Fällen braucht man lediglich mi vor der betreffenden Form einzusetzen:

mi morrazek^h!	Vergesst nicht!
mi harzrek^h!	Fragt nicht!

Sein und Haben

In den folgenden Sätzen finden Sie einige Formen des unregelmäßigen Tätigkeitswortes „sein“ (linel):

ajd intsch^h e?	**jeß ajßt^{h}eR em.**
das was? ist	*ich hier bin*
Was ist das?	ich bin hier

HajaßtanI deRdserë k^{h}aRzr en.
Armeniens-des Pfirsiche-die süß sind
Armenische Pfirsiche sind süß.

Im Armenischen wird das Tätigkeitswort für „sein“ auch vielfältig als Hilfsverb eingesetzt („ich bin angekommen“). In einem Fragesatz geht dem Hilfsverb das Fragewort immer voran. Zur Erinnerung hier noch einmal in einer übersichtlichen Liste die unregelmäßigen Formen von linel:

Gegenwart	Vergangenheit (Imperfekt)	Zukunft (kë-Variante)
jeß em ich bin	**jeß ei** ich war	**jeß këlinem** ich werde sein
du eß du bist	**du eir** du warst	**du këlineß** du wirst sein
na e er / sie ist	**na er** er / sie war	**na këlini** er / sie wird sein

Gegenwart	Vergangenheit (Imperfekt)	Zukunft (kë-Variante)
menk^{h} enk^{h} wir sind	**menk^{h} eink^{h}** wir waren	**menk^{h} këlinenk^{h}** wir werden sein
duk^{h} ek^{h} ihr seid/ Sie sind	**duk^{h} eik^{h}** ihr wart/ Sie waren	**duk^{h} këlinek^{h}** ihr werdet sein/ Sie werden sein
nrank^{h} en sie sind	**nrank^{h} ein** sie waren	**nrank^{h} këlinen** sie werden sein

Das Tätigkeitswort für haben, besitzen heißt unenal im Armenischen. Der Stamm von unenal heißt lediglich un- Grammatikalisch gehört dieses Wort zu jener Verbengruppe, die auf -el- endet. Daraus ergibt sich folgendes Beugungsmuster:

Gegenwart	Vergangenheit (Imperfekt)	Zukunft (kë-Variante)
unem ich habe	**unei** ich hatte	**kunenam** ich werde haben
uneß du hast	**uneir** du hattest	**kunenaß** du wirst haben
uni er hat	**uner** er hatte	**kunena** er wird haben
unenk^{h} wir haben	**uneink^{h}** wir hatten	**kunenank^{h}** wir werden haben
unek^{h} ihr habt/ Sie haben	**uneik^{h}** ihr hattet/ Sie hatten	**kunenak^{h}** ihr werdet haben/ Sie werden haben
unen sie haben	**unejin** sie hatten	**kunenan** sie werden haben

jeß schat uReberr unem.
ich viel Gepäck habe
Ich habe viel Gepäck.

jeß wotsch^{h}intsch^h tsch^{h}unem deklaraziajum granzelu.
ich nichts nicht-habe Zollerklärung-bei registrieren-zu
Ich habe nichts anzugeben.

menk^h derr schat shamanak unenk^h.
wir noch viel Zeit haben
Wir haben noch viel Zeit.

Für das deutsche „es gibt, es besteht“ verwendet man im Armenischen die Formel ka (für die Einzahl) und kan (für die Mehrzahl). Für „es gibt ... nicht“ hängt man ein t^{h}sch- an k^{h}a oder k^{h}an, also t^{h}schka und t^{h}schkan.

Intsch^h ka watscharrk^{h}um?
was gibt Angebot-im
Was gibt es im Angebot?

Amen teßaki chanut^{h}ner kan.
alle Sorten Geschäfte geben
Es gibt (allerhand) unterschiedliche Geschäfte.

Brauchen und benötigen

Für „brauchen“ sagt man im Armenischen karik^h unenal „Bedürfnis haben“. Es ist notwendig, bei der Verwendung dieser Floskel darauf zu achten, dass das Objekt des Satzes im 2. Fall (Genitiv) steht.

jeß nor barrarani karik^h unem.
ich neu Wörterbuchs-des Bedürfnis habe
Ich brauche ein neues Wörterbuch.

Man kann jedoch auch sagen:

inds harkawor e (...)
mir notwendig ist (...)
es ist mir notwendig / nötig (...).

oder: **inds petk^h e (...)**
mir nötig ist (...)
Ich brauche ...

Hier steht das persönliche Fürwort jeß im 3. Fall (Dativ), daher auch die Form inds (mir). Mehr dazu im Kapitel „Die 7 Fälle“.

Inds harkawor e mi sujg dserrnoz.
mir notwendig ist ein Paar Handschuh
Ich brauche (ein Paar) Handschuhe.

Inds petk^h e mi hamar mezë.
mir nötig ist eine Nummer groß-die
Ich brauche eine Nummer größer.

Notwendigkeit

Notwendigkeit kann man mittels petk^{h} e (es ist nötig) ausdrücken. Benutzt man dieses Wort in Kombination mit einem Verb, so erhält es die Bedeutung „notwendig sein“ oder „müssen“. In dieser Bedeutung muss das Verb, das zusammen mit petk^{h} e auftritt, eine der nachstehenden Endungen bekommen. Diese Endungen werden am einfachen Stamm angehängt:

Verben auf ...	**-el**	**-al**
ich	**-em**	**-am**
du	**-eß**	**-aß**
er / sie / es	**-i**	**-a**
wir	**-enk^{h}**	**-ank^{h}**
ihr / Sie	**-ek^{h}**	**-ak^{h}**
sie	**-en**	**-an**

Menk^{h} petk^{h} e ßoworenk^{h}.
wir nötig ist lernen
Wir müssen lernen.

Jeß petk^{h} e gnam.
ich nötig ist gehe
Ich muss gehen.

Will man jedoch die Konstruktion inds petk^{h} e (...) (es ist **mir** notwendig, dass ...) verwenden, so muss das jeweilige persönliche Fürwort im Wemfall (Dativ) stehen und das Verb in seiner Grundform, also:

Mes petk^{h} e ßoworel.
uns nötig ist zu-lernen
Wir müssen lernen.

Inds petk e gnal.
mir nötig ist zu-gehen
Ich muss gehen.

Unbestimmte Fürwörter

Die unbestimmten Fürwörter lassen sich in drei Gruppen untergliedern: einfache, zusammengesetzte und phrasale (Redewendungen). Die Fürwörter werden unterschiedlich in Einzahl und Mehrzahl gebraucht und bleiben nicht alle ungebeugt.

Unbestimmte Fürwörter

mekë	(irgend)eine(r)
mi k^{h}ani	ein paar
worosch	einige
worjewe	(irgend)eine /-r / -s, (irgend)welche /-r / -s
urisch	ein(e) andere /-r / -s

Bestimmte Fürwörter

amen(ë)	alle(s)
bolorë	jede(r / s)
amen intsch^h	alles
mjuß	andere(r / s)
nujn	der- / die- / dasselbe
duk^h bolord	ihr alle

Verneinung von Fürwörtern

wotsch^{h}intsch^h	nichts
wotsch^h wok^h / mekë	niemand
wotsch^h mi	kein, keine, keiner

Unbestimmte Fürwörter

Von den Fürwörtern, die gebeugt werden, sei hier nur ein Beispiel genannt:

Mehr zu den Fällen und der Beugung im Kapitel „Die 7 Fälle".

1. Fall, Nominativ	**mjußë** der / die / das Andere
2. Fall, Genitiv	**mjußi** des Anderen
3. Fall, Dativ	**mjußin** dem Anderen
4. Fall, Akkusativ	**mjußin** den Anderen
5. Fall, Ablativ	**mjußiz** von dem Anderen
6. Fall, Instrumentalis	**mjußow** mit dem Anderen
7. Fall Lokativ	**mjußum** bei dem Anderen

Foto: G.Pardelli

Am See

Satzbau

In der Regel entsprechen die Grundstrukturen des armenischen Satzes denen des deutschen. Im allgemeinen kann gesagt werden, dass es im armenischen Satz eine verhältnismäßig große Freiheit in der Wortstellung innerhalb eines Satzes gibt. So kann man allein durch die Wortstellung die Betonung und den Sinn verändern:

Menk^h gini enk^h chmel.
wir Wein sind trinken
Wir haben Wein getrunken.

Menk^h enk^h gini chmel.
wir sind Wein trinken
Wir haben Wein getrunken (und nicht sie).

Menk^h chmel enk^h gini.
wir trinken sind Wein
Wir haben *Wein* getrunken (und nicht Bier).

Ginin menk^h enk^h chmel.
Wein wir sind trinken
Den Wein *haben* wir getrunken.

Bindewörter (Konjunktionen)

jew / u	und, sowie, auch
ißk	während, und, aber (Gegenüberstellung)
ajßink^{h}n	das heißt, (...), das bedeutet, (...)
kam	oder, entweder – oder
bajz	aber
miajn	nur wenn, nur, allein
mintsch^{h}ew	bis
nachk^{h}an	vor, bevor, ehe
wor	dass, das
jet^{h}e	wenn, falls
jerb wor	als, wenn
el	auch
worowhetew	weil, denn, da, zumal (da)
ußti	folglich, also, demnach

Jeß ajßor këgam,
worowhetew warë harmar tsch^{h}e.
ich heute kommen-werde
weil morgen passend nicht-ist
Ich komme heute,
denn morgen passt es schlecht.

Hajerenë gerezik lesu e, bajz dshwar.
Armenisch-das schön Sprache ist aber schwierig
Armenisch ist eine schöne Sprache,
aber eine schwierige.

Die 7 Fälle und ihre Beugung

Fälle bezeichnen grundsätzlich die Funktion und Beziehung der Hauptwörter zueinander in einem Satz. Im Armenischen gibt es sieben Fälle: Nominativ (gerader Fall), Genitiv, Dativ, Akkusativ, Ablativ, Instrumentalis und Lokativ. Die einzelnen Fälle beantworten jeweils die folgende grammatische Frage:

1. Fall: Nominativ	Wer oder Was?
2. Fall: Genitiv	Wessen?
3. Fall: Dativ	Wem oder Was
4. Fall: Akkusativ	Wen oder Was?
5. Fall: Ablativ	Woraus?
6. Instrumentalis	Womit?
7. Fall: Lokativ	Wo?

Die Beugung erfolgt in Form von

1.) Grundform+Endung (Außendeklination)
2.) Änderung innerhalb der Grundform (Innendeklination).

Die Beugung richtet sich immer nach der Endung im Genitiv. Für die Mehrzahl wird vor der Beugungsendung die Mehrzahlsilbe -er- bzw. -ner- eingefügt.

Deklinationstafel für Außendeklination

Fall (Einzahl)	Endungen -i	-u
Nominativ	**ant^{h}arr(ë)** (Wald)	**ajgi** (Park)
Genitiv	**ant^{h}arri**	**ajgu**
Dativ	**ant^{h}arri(n)**	**ajgu(n)**
Akkusativ	**ant^{h}arr(ë)**	**ajgu(n)**
Ablativ	**ant^{h}arriz**	**ajguz**
Instrumentalis	**ant^{h}arrow**	**ajgow**
Lokativ	**ant^{h}arrum**	**ajgum**

Deklinationstafel für Innendeklination

Fall	Einzahl -a-	-o-
Nominativ	**t^{h}un (ë)** (Haus)	**majr (ë)** (Mutter)
Genitiv	**t^{h}an**	**mor**
Dativ	**t^{h}an(ë)**	**mor(ë)**
Akkusativ	**t^{h}un(ë)**	**mor(ë)**
Ablativ	**t^{h}niz**	**moriz**
Instrumentalis	**t^{h}now**	**morow**
Lokativ	**t^{h}num**	**mor medsch** *(Gen.+Instr.)*

-wa	-an	-odsch	-z
amiß (Monat)	**lerr(ë)** (Berg)	**k^hujr** (Schwester)	-
amßwa	**lerran**	**k^hrodsch**	-
amßwa(n)	**lerran (ë)**	**k^hrodsch(ë)**	-
amiß	**lerr (ë)**	**k^hrodsch(ë)**	-
amßwaniz	**lerriz**	**k^hrodschiz**	-
amßwanow	**lerrow**	**k^hrodschow**	-
amßum	**lerrum**	**k^hrodsch medsch** *(Gen.+Instr.)*	-

Mehrzahl

-a-	-o-
t^hner (ë) (Häuser)	**majrer(ë)** (Mütter)
t^hneri	**majreri**
t^hneri(n)	**majreri(n)**
t^hner (ë)	**majreri(n)**
t^hneriz	**majreriz**
t^hnerow	**majrerow**
t^hnerum	**majreri medsch** *(Gen.+Instr.)*

1. Fall (Nominativ)

Im Nominativ, dem Werfall, kennt das Hauptwort keine Beugungsendung. Aber Vorsicht: ein Hauptwort, das als Satzgegenstand (Subjekt) Verwendung findet, tritt mit bestimmtem Artikel auf!

Jerewanë mez e.
das-Jerewan groß ist
Jerewan ist groß.

2. Fall (Genitiv)

Die meisten Hauptwörter bekommen im 2. Fall die Endung -i:

1. Fall	**sinwor**	der Soldat
2. Fall	**sinwori**	des Soldaten

Bei der Mehrzahl wird im Genitiv die Endung -i einfach an die Mehrzahlform des Wortes angehängt:

1. Fall	**sinworner**	Soldaten
2. Fall	**sinworneri**	der Soldaten

Obwohl die Bildung des Genitivs ziemlich regelmäßig aussieht, gibt es auch hier unregelmäßige Formen. Es würde zu weit führen, alle Ausnahmen hier aufzuzählen. Einige wichtige seien aber doch genannt.

1. Fall	2. Fall	
kin	**knodsch**	der Frau
ënker	**ënkerodsch**	des Freundes
jechbajr	**jechbor**	des Bruders
hajr	**hor**	des Vaters
majr	**mor**	der Mutter

dser knodsch pajußakë
ihrer der-Frau die-Tasche
die Tasche Ihrer Frau

Hauptwörter auf -i enden im 2. Fall meist auf -u:

gini	Wein
ginu schisch	Weinflasche
Merri	Meghri (Stadt in Südarmenien)
Merru kololak	Fleischklößchen aus Meghri

Hauptwörter auf -t^{h}jun verändern sich im 2. Fall immer in -t^{h}jan.

hanrapetut^{h}jun	Republik
hanrapetut^{h}jan hraparak	Platz der Republik

Meistens haben zeitliche Bestimmungen und Umstandsbestimmungen der Zeit den 2. Fall, werden aber anders gebeugt, nämlich mit -wa als Endung:

1. Fall	2. Fall
amiß der Monat	**amßwa** des Monats
or der Tag	**orwa** des Tages
sham die Stunde	**shamwa** der Stunde
gischer die Nacht	**gischerwa** der Nacht

Von Verben abgeleitete Hauptwörter, zum Beispiel „das Sitzen", bekommen dagegen die Endung -u. Diese Form wird meist benutzt, wenn man im Deutschen etwa „um etwas zu tun", „um zu (...)", „zum (...)" oder „mit dem Ziel, (...)" ausdrücken will.

Jeß jekel em utelu hamar.
ich gekommen bin Essen-zu für
Ich bin zum Essen gekommen
(mit dem Ziel, zu essen).

Nach den Verhältniswörtern dimaz „gegenüber", hamar „für", medsch „in", mot „bei" und einigen anderen, die im Armenischen übrigens dem Hauptwort stets nachstehen, braucht man wiederum den 2. Fall. Mehr zu den Verhältniswörtern und den dazugehörigen Fällen lesen Sie im betreffenden Kapitel.

odanawakajani dimaz	dem Flughafen gegenüber
Geworgi hamar	für Gework

3. Fall (Dativ)

Der 3. Fall wird mit der Endung -in gebildet:

1. Fall	3. Fall
sinwor der Soldat	**sinworin** dem Soldaten

In erster Linie wird er wie im Deutschen gebraucht, nämlich wenn von einem sogenannten „indirekten Objekt“ (Dativ-Objekt) die Rede ist:

Awetë Goharin talißs e girk^{h}ë.
Awet-der Gohar-ihr geben-aus ist Buch-das
Avet gibt Gohar das Buch.

Wie im 2. Fall, gibt es auch für den 3. Fall bestimmte Verhältniswörter, die diesen Fall zwingend nach sich ziehen. Mehr darüber im Kapitel „Verhältniswörter“. Der 3. Fall hat jedoch manchmal auch eine etwas abweichende Funktion. Im Gegensatz zum Deutschen steht im Zusammenhang mit Personen immer der 3. Fall und nicht wie im Deutschen meist der 4. Fall:

Na teßnum e t^{h}argmantsch^{h}in.
er Sehen-beim ist Übersetzer-ihm
Er sieht den Übersetzer.

4. Fall (Akkusativ)

Hauptwörter, die in diesem Fall stehen, erfahren, wie jene im 1. Fall, keine Veränderung. Fürwörter im 4. und 3. Fall sehen gleich aus und sind von ihrer Form her nicht zu unterscheiden.

Jeß ajn knodschë teßa hjuranozum.
ich jene Frau-die sah Hotel-beim
Ich sah jene Frau im Hotel.

Na korzrel e ir andsnagirë.
er verloren ist seinen Pass-den
Er hat seinen Pass verloren.

5. Fall (Ablativ)

Die typische Ablativ-Endung ist -iz. Der 5. Fall steht bei Richtungsangaben, wobei man im Deutschen etwa das Verhältniswort „aus", „von ... her" oder Konstruktionen wie „aus ... heraus" benutzt. Der 5. Fall wird ebenso bei Angaben zum Zeitpunkt, sowie bei Angaben über Ursache, Grund oder Anlass verwendet.

namak Augßburgiz
Brief Augsburg-aus
ein Brief aus Augsburg

law ëntanik^{h}iz
gut Familie-aus
aus guter Familie

Jeß ajd ßoworel em ajß gërk^{h}iz.
ich dieses gelernt bin dieses Buch-aus
Das habe ich aus diesem Buch gelernt.

Na Wanadsoriz e.
er Wandsor-aus ist
Er stammt aus Wanadsor.

wachiz	aus Furcht
glchazawiz	wegen Kopfschmerzen
jerachtagitut^h^juniz	aus Dankbarkeit
Hunwari weziz	ab dem 6. Januar
jerek^h^ shamiz	in 3 Stunden
modajiz durß jekaz	aus der Mode

ßenjakiz durß gnal
Zimmer-aus hinaus gehen
aus dem Zimmer hinaus gehen

Eine andere wichtige Rolle spielt der Ablativ in Vergleichen und Steigerungen:

Karenë Tigraniz mez e.
Karen-der Tigran-aus groß ist
Karen ist älter als Tigran.

Dsukë mßapuriz hamer e.
Fisch-der Fleischsuppe-aus schmackhaft ist
Der Fisch ist schmackhafter als die Fleischsuppe.

In Kombination mit manchen Verhältniswörtern wie zum Beispiel heto („nach"), arradsch („vor, bevor"), bazi („außer"), herru („weiter weg als ...") muss das Hauptwort unbedingt im 7. Fall stehen:

hamalßaraniz heto	nach der Universität
k^{h}arak^{h}iz herru	weit von der Stadt entfernt
mek^{h}neluz arradsch	vor der Abreise
bazi draniz	außerdem

6. Fall (Instrumentalis)

Mit diesem Fall kann man die näheren Umstände eines Geschehens beschreiben. Womit geschieht etwas, mit welchen Mitteln? Meistens wird der 6. Fall mit der Endung -ow gebildet:

Im Deutschen verwendet man hierfür meist das Wort „mit".

awtobußow	mit dem Bus
wot^{h}k^{h}ow	zu Fuß
tomati mazukow	mit Tomatenpüree
ajß tschanaparow	diesen Weg entlang
mek amßow	für einen Monat
im karzik^{h}ow	meiner Meinung nach

Intsch^h gorzow ek^h jekel?
was? Sache-mit seid gekommen
Wozu sind Sie gekommen? Was bringt Sie her?

Jeß ßchalnerow em hajeren choßum.
ich Fehlern-mit bin Armenisch-das Sprechen-beim
Mein Armenisch ist mangelhaft.

Das -u, mit dem manche Hauptwörter enden, wird im Instrumentalis umgewandelt in ein -w, bevor die Nachsilbe -ow hinzugefügt wird:

lesu	Sprache
hajeren leswow	auf Armenisch
Armenisch-das Sprache-mit	

Manche Hauptwörter bekommen jedoch eine andere Endung, nämlich -amb. Diese Endung findet hauptsächlich Verwendung bei festen Wendungen und genauen Umstandsbestimmungen in einem Satz, mit anderen Worten: auf welche Art und Weise geschieht etwas?

urachut^{h}jamb	mit Vergnügen
dschwarut^{h}jamb	mit Mühe
mez hamp^{h}erut^{h}jamb	mit viel Geduld
mez maßamb	größtenteils

Übrigens behalten jene Wörter, die wir im 2. Fall als Ausnahmen aufgeführt haben (Vater, Mutter, Bruder, Frau usw.), ihre 2.-Fall-Endung, und bekommen erst dann die Endung -ow für den 5. Fall angehängt:

1. Fall	2. Fall	6. Fall
majr	**mor**	**morow**
die Mutter	der Mutter	mit der Mutter
hajr	**hor**	**horow**
der Vater	des Vaters	mit dem Vater

7. Fall (Lokativ)

Im Armenischen werden örtliche und einige zeitlichen Verhältniswörter wie „in“ und „auf“ mit dem 6. Fall angedeutet.

Endet die Grundform eines Hauptwortes mit einem Mitlaut, lautet die Endung für den 6. Fall -um. Endet die Grundform mit einem Selbstlaut, lautet die Endung -um.

Hauptwörter auf -ut^{h}jun und Personenbezeichnungen kennen keine Endung im 6. Fall:

Berlinum	in Berlin
Germaniajum	in Deutschland
Jerewanum	in Jerewan

Foto: Lukasz Frackowiak, Dreamstime.com

Die Kaskade von Jerewan

Beugung der persönlichen Fürwörter

Die Personenendungen stimmen im Großen und Ganzen mit den typischen Beugungsendungen der vorherigen Grundregeln überein:

Einzahl			
	ich	**du**	**er/sie/es**
Nom.	**jeß**	**du**	**na**
Gen.	**im**	**k^{h}o**	**nra**
Dat.	**inds**	**k^{h}es**	**nran**
Akk.	**inds**	**k^{h}es**	**nran**
Abl.	**indsniz**	**k^{h}esniz**	**nraniz**
Inst.	**indsnow**	**k^{h}esnow**	**nranow**
Lok.	**indsnum**	**k^{h}esnum**	**nranum**

Mehrzahl			
	wir	**ihr (Sie)**	**sie**
Nom.	**menk^h**	**duk^h**	**nrank^h**
Gen.	**mer**	**dser**	**nranz**
Dat.	**mes**	**dses**	**nranz**
Akk.	**mes**	**dses**	**nranz**
Abl.	**mesniz**	**dsesniz**	**nranziz**
Inst.	**mesnow**	**dsesnow**	**nranzow**
Lok.	**mesnum**	**dsesnum**	**nranzum**

mer jerkrum	in unserem Land
dser karzik^{h}ow	Ihrer Meinung nach
inds tur	gib es mir
dser tan hamarë	Ihre Hausnummer

Fragen

Das Anheben der Stimme am Schluss eines Satzes ist die einfachste Weise, einen Satz als Fragesatz klingen zu lassen.

(Feststellung:) **Duk^h arradschin angamn ek^h Hajaßtanum!**
ihr erste Mal-das seid Armenien-in
Sie sind zum ersten Mal in Armenien.

(Frage:) **Duk^h arradschin angamn ek^h Hajaßtanum?**
ihr erste Mal-das seid Armenien-in
Sie sind zum ersten Mal in Armenien?

Fragen können aber auch mit Fragewörtern gebildet werden. Die Fragewörter ow („wer?") und um („wessen?", „wem?", „wen?") fragen nach Personen. Unterschiede zwischen Männlichem, Weiblichem oder Sächlichem gibt es nicht. Die Fragewörter int^{h}sch („was?") und wor / worë „welche / welcher / welches?") fragen nach Sachen. int^{h}schpißi („was für (ein) ... ?") fragt nach Art und Beschaffenheit von etwas. Manche Fragewörter haben unterschiedliche Formen für die Ein- und Mehrzahl:

Einzahl	Mehrzahl	
ow	**owk^{h}er**	wer? wer (alles)?
um		wessen?
um		wem?
um		wen?
intsch^h	**intsch^{h}er**	was? was (alles)?

Einzahl	Mehrzahl	
wor(ë)	**woronk^h**	welch(e/er/es)
wort^{h}ER / ur		wo?
jerb		wann?
intsch^{h}peß		wie?
intsch^{h}pißi		was für (ein)?
intsch^{h}k^{h}an		wieviel(e)?
k^{h}ani		wieviel(e)?
intsch^{h}u		warum? weshalb?
intsch^{h}ow		womit?

Wort^{h}ER karoR em p^{h}oR p^{h}ochanakel?
wo? fähig bin Geld wechseln
Wo kann ich Geld umtauschen?

Intsch^{h}k^{h}an piti ßpaßenk^h?
wieviel? muss warten(-wir)
Wie lange müssen wir warten?

Jerb e t^{h}rrtsch^{h}um ink^{h}nat^{h}irrë?
wann? ist Fliegen-beim Flugzeug-das
Wann ist der Abflug?

Intsch^h arshe tomßë?
wieviel? kostet Fahrkarte-die
Was (wieviel) kostet die Fahrkarte?

Intsch^{h}peß ek^h?
wie? seid
Wie geht es Ihnen?

Um tunn e ßa?
wessen? Haus-das ist das
Wessen Haus ist das?

Intsch^{h}pißi teRekut^{h}junner ek^h kamenum?
was-für? Informationen seid Wünschen-beim
Was für Informationen wünschen Sie?

Intsch^{h}u (hamar)?
warum? (für)
Warum?

Ow e ajß kinë?
wer? ist diese Frau-die
Wer ist diese Frau?

Um ek^h ajzelel?
wen? seid besucht
Wen haben Sie besucht?

Intsch^h e aßum?
was? ist Sagen-beim
Was sagt er/sie?

Um ek^h wtscharel?
wem? seid bezahlt
Bei wem haben Sie bezahlt?

Worn e im t^{h}eRë?
welcher? ist mein Platz-der
Welches ist mein Platz?

Ja, Nein, Nicht

Das Wort für „Ja" heißt ajo und „nein" wot^{h}sch. Zu Freunden und guten Bekannten kann man auch ha für „ja" und tsch^{h}e für „nein" sagen. In Zweifelsfällen sollte man jedoch immer die erstgenannten Ausdrücke verwenden. Einige Wörter, mit denen man eine Verneinung ausdrücken kann:

wotsch^{h}intsch^h	nichts
wotsch^h mi	kein-, überhaupt / gar kein
wotsch^h mi dep^{h}k^{h}um	keinesfalls
jerbek^h	niemals
wotsch^h mi teR	nirgends *(ortsbezogen)*
wotsch^h wok^h	niemand

hasiw (t^{h}e)	kaum (abgeschwächte Verneinung)
wotsch^h mi norut^{h}jun	nichts Neues / keine Neuigkeiten

Die Verneinung von Hauptwörtern und Eigenschaftswörtern geschieht hauptsächlich durch das Voranstellen von Vorsilben wie an-:

hangißt	ruhig
anhangißt	unruhig
hatscheli	angenehm
anhatscheli	unangenehm

Bei Tätigkeitswörtern erfolgt die Verneinung durch Anhängung von t^{h}sch- an die bejahende Form, das gilt für fast alle Tätigkeitswörter, einschließlich linel (sein):

jeß tsch^{h}em	ich bin nicht
du tsch^{h}eß	du bist nicht
na tsch^{h}e	er/sie ist nicht
menk^h tsch^{h}enk^h	wir sind nicht
duk^h tsch^{h}ek^h	ihr seid nicht / Sie sind nicht
nrank^h tsch^{h}en	sie sind nicht
unenal	haben
tsch^{h}unenal	nicht haben
utel	essen
tsch^{h}utel	nicht essen
Jeß haj em.	Ich bin Armenier.
Jeß haj tsch^{h}em.	Ich bin kein Armenier.

Wotsch^h, jeß dses tsch^{h}em hawatum.
nein, ich euch nicht-bin Glauben-beim
Nein, ich glaube Ihnen nicht.

Wotsch^h, jeß p^{h}or tsch^{h}unem.
nein, ich Geld nicht-habe
Nein, ich habe kein Geld.

Die Zukunftsform (kë-Konstruktion) kann man auf folgende Weise verneinen: linel „sein“ fungiert als Hilfsverb. Die Verneinungsform t^{h}sch- wird vor die jeweilige Form von linel gesetzt. Hierbei gibt es eine Ausnahme: Die 3. Person Einzahl („er/sie/es ist nicht“) heißt nicht t^{h}sche, sondern t^{h}schi.

Verben auf -el erhalten die Endung -i, Tätigkeitswörter auf -al die Endung -a. Ein Beispiel: chmel endet auf -el, also bekommt es hier die Endung -i. Die 1. Person Einzahl erhält als verneinendes Hilfsverb t^{h}schem, und so entsteht:

Jeß gini tsch^{h}em chmi.
ich Wein nicht-bin trinken-werde
Ich werde keinen Wein trinken.

Jeß tsch^{h}em morrana.
ich nicht-bin vergessen-werde
Ich werde (es, dich, ihn) nicht vergessen.

Na tsch^{h}i morrana.
er nicht-ist vergessen-wird
Er wird (es) nicht vergessen.

Beugung bezüglicher Fürwörter

Das bezügliche Fürwort wor(ë) wird folgendermaßen gebeugt:

Einzahl

Nominativ	**wor(ë)**	der/die/das
Genitiv	**wori**	dessen/deren/dessen
Dativ	**wori(n)**	dem/der/dem
Akkusativ	**wor(in)**	den/die/das
Ablativ	**woriz**	von dem/der/dem
Instrumentalis	**worow**	mit dem/der/dem
Lokativ	**worum**	in dem/der/dem

Mehrzahl

Nominativ	**woronk^h**	die
Genitiv	**woronz**	deren
Dativ	**woronz**	denen
Akkusativ	**woronk^h**	die
Ablativ	**woronziz**	von denen
Instrumentalis	**woronzow**	mit denen
Lokativ	**woronzum**	in denen

lesun, wor jeß ßoworum em
Sprache-die die ich Lernen-beim bin
die Sprache, die ich lerne

lesunerë, woronk^h jeß ßoworum em
Sprachen-die die ich Lernen-beim bin
die Sprachen, die ich lerne

Ow ajßpeß warwi, këpatshwi.
wer so handele wird-bestraft
Wer so handelt, wird bestraft.

ow („wer“) wird folgendermaßen gebeugt:

In vielen Fällen können wori *oder* um *(2. Fall) unterschiedslos nebeneinander gebraucht werden.* um *klingt aber manchmal ein wenig steif.*

Nominativ	**ow**
Genitiv	**um**
Dativ	**um**
Akkusativ	**um**
Ablativ	**-**
Instrumentalis	**umow**
Lokativ	**umiz**

ajn kinë, um p^{h}ORË gORazel ejin
jene Frau-die deren Geld-das gestohlen wurden
die Frau, der Geld gestohlen worden war

Verhältniswörter

Im Armenischen stehen die Verhältniswörter, im Gegensatz zum Deutschen, meist nach dem Wort, auf das sie sich beziehen (Nachstellung). Manche Verhältniswörter werden aber vorgestellt, und bei anderen ist wiederum beides möglich.

Hier folgt eine Übersicht der armenischen Verhältniswörter, gruppiert nach den verschiedenen Fällen, die sie verlangen. In den Klammern ist jeweils die Vor- oder Nachstellung angegeben (v = vorgestellt, n = nachgestellt):

Den Genitiv (2. Fall) regieren unter anderem die folgenden Verhältniswörter:

arradsch (n)	gegenüber, vor (örtlich)
kajarani arradsch	vor dem Bahnhof
arrdschew (n)	vor, gegenüber
arranz (v)	ohne
p^{h}ochanak (v/n)	statt, anstatt
dem (n)	gegen, wider
im dem	wider mich
deʀ hasi dem	ein Mittel gegen Husten
dimaz (n)	gegenüber
jetew (n)	hinter
ënt^{h}azk^{h}um (n)	während, hindurch
mi k^{h}ani tarwa ënt^{h}azk^{h}um	während einiger Jahre
shamanak (n)	während, zur Zeit ...
t^{h}arwa ajd shamanak	zu dieser Jahreszeit
koʀmiz (n)	seitens, durch, von
karrawarut^{h}jan koʀmiz	seitens der Regierung
hamar (n)	für
handep (n)	gegenüber
het (n)	mit, zu
mßi het haz utel	Brot zum Fleisch essen
maßin (n)	über, betreffs, hinsichtlich
medsch (n)	in(mitten)
midschozow (n)	mittels, durch
mot (n)	bei, neben, zu, am, unweit
t^{h}angarani mot	unweit des Museums

patuhani mot	am Fenster
nman (n)	ähnlich, wie
patscharrow (n)	wegen, zufolge, zu
wat jeRanaki patscharrow	wegen des schlechten Wetters
wra (n)	auf
at^{h}orri wra	auf dem Stuhl
p^{h}oRe dnum em ßeRani wra	das Geld lege ich auf den Tisch
tak (n)	unterhalb

Den Dativ (3. Fall) regieren unter anderem:

hakarrak (v)	entgegen
hakarrak im zankut^{h}jan	entgegen meinem Wunsch
hamadsajn (n)	gemäß
mer zankut^{h}jan hamadsajn	unserem Wunsch gemäß

Den Akkusativ (4. Fall) regieren:

arradsch (n)	vor
jerek^h sham arradsch	vor 3 Stunden
i wer (n)	seit
bawakan shamanakiz i wer	seit beträchtlich langer Zeit
depi (v)	nach, zu
depi adsch	nach rechts
heto (n)	nach
haz uteluz heto	nach dem Essen

ibrew (v)	als
ibrew warpet	als Fachmann
mintsch^{h}ew (v)	bis
nachk^{h}an (v)	(be)vor
nachk^{h}an mer meknelë	vor unserer Abreise
worpeß (v)	als
worpeß ënker	als Freund

Den Ablativ (5. Fall) regieren:

bazi (v/n)	außer
durß (n)	außerhalb
k^{h}aʀak^{h}iz durß	außerhalb der Stadt
nerß (n)	innerhalb
heto (n)	nach
paterasmiz heto	nach dem Krieg
nerk^{h}ew (n)	unterhalb
werew (n)	oberhalb
k^{h}aʀak^{h}iz werew	oberhalb der Stadt
arradsch (n)	vor
mer mekneluz arradsch	vor unserer Abreise
taßiz arradsch	vor zehn Uhr

Zahlen und Zählen

Die Grundzahlen

0	sro
1	mek
2	jerku
3	jerek^h
4	tsch^{h}orß
5	hing
6	wez
7	jot^h
8	ut^h
9	inë
10	taß

11	taßnmek
12	taßnerku
13	taßnerek^h
14	taßntsch^{h}orß
15	taßnhing
16	taßnwez
17	taßnjot^h
18	taßnut^h
19	taßninë
20	k^{h}ßan
21	k^{h}ßanmek
30	jereßun
31	jereßunmek
40	k^{h}arraßun
50	hißun
60	wat^{h}ßun
70	jot^{h}anaßun

80	**ut^{h}ßun**
90	**innßun**
100	**harjur**
150	**harjur hißun** *(hundert + fünfzig)*
200	**jerku harjur** *(zwei + hundert)*

1000	**hasar**
5000	**hing hasar**
1.000.000	**mek milion**
1900	**hasar inë harjur**
1998	**hasar inë harjur innßunut^{h}** *1000 9 100 90-8*

Ab 21 werden die Einerstellen nach den Zehnerstellen, also umgekehrt wie im Deutschen, gezählt. Von 11 bis 19 gilt dies auch, allerdings steht zwischen taß und der Einerstelle jeweils ein n.

jereßunjerek^{h}	**jot^{h}anaßuninë**
dreißig-drei	*siebzig-neun*
dreiunddreißig	neunundsiebzig

Ordnungszahlen

Die Ordnungszahlen bilden bis vier abweichende Formen. Ab fünf werden sie regelmäßig mit der Nachsilbe -erord gebildet.

Auch wenn Ordnungszahlen als Eigenschaftswörter verwendet werden, werden sie nicht gebeugt!

arradschin	erst(e/er/es)
jerkrord	zweit(e/er/es)
jerord	dritt(e/er/es)
tsch^{h}orord	viert(e/er/es)
hingerord	fünft(e/er/es)
wezerord	sechst(e/er/es)
jot^{h}erord	siebt(e/er/es)
ut^{h}erord	acht(e/er/es)
innerord	neunt(e/er/es)
taßerord	zehnt(e/er/es)
taßnmekerord	elft(e/er/es)

wat^{h}ßunhingerord
sechzig-fünfter
fünfundsechzigst(e/er/es)

k^{h}ßanut^{h}erord
zwanzig-achter
achtundzwanzigst(e/er/es)

jerordë
dritte-der/die/das
der/die/das dritte

Brüche

Brüche bildet man mit einer Grundzahl im Zähler und einer Ordungszahl im Nenner:

5/6	**hing wezerord** *fünf sechster*
1/3	**mek jerord** *ein dritter*

Unregelmäßig sind „Viertel“ und „Halb“:

1/3	**(mek) k^{h}arrord**
3/4	**jerek^{h} k^{h}arrord**
1/2	**keß**
3,5	**jerek^{h} u keß**
	drei und halb

Vervielfachungs- und Wiederholungszahlen

krknaki	zweimal, zweifach
jerraki	dreimal, dreifach
k^{h}arraki	viermal, vierfach
hing angam	fünfmal, fünffach
	usw.

Im Allgemeinen verwendet man im Armenischen keine der beiden Mehrzahlformen, wenn von einem bestimmten Zahlwort die Rede ist (z. B. einmal, zweimal, hundert Euro, fünf Jahre, fünf Kilometer, drei Wochen usw.). Die entsprechenden Hauptwörter bleiben in der Einzahl stehen.

jerek^{h} awto *3 Auto*	drei Autos
2 angam *2 mal*	zweimal
1000 dram *1000 Dram*	1000 Drams
5 tari *5 Jahr*	5 Jahre
3 schabat^{h} *3 Woche*	3 Wochen
jereßun kilometr	30 Kilometer

Mengen und Maße

Mengen und Maßangaben stehen stets in der Einzahl.

jerku kilo	2 Kilo
kʰßan tokoß	20 Prozent
jereßun kilometr	30 Kilometer

Maße

gram	Gramm
litr	Liter
ktor / hat	Stück
teßak	Sorte
metr	Meter
kilometr	Kilometer

kʰani hatʰ?	Wie viel?
kʰani hogi?	Wie viele Menschen?
kʰani angam?	Wie oft?

Ungefähre Mengenangaben

schaterë	viele
kʰtschʰerë	wenige
bolor	sämtliche, alle
mi kʰani	ein paar, einzelne, einige
mi kʰani angam	ein paarmal
mi jerekʰ (schabatʰ)	etwa drei (Wochen)
bawakʰan	genug, genügend

jewß jerku hat / mi jerku hat el	noch zwei (Stück)
schat	viel, ganz
k^{h}itsch^h	wenig
schat schat	(viel) zu viel
schat k^{h}itsch^h	(viel) zu wenig
p^{h}ok^{h}r	klein
mez	groß
aweli schat	mehr
aweli k^{h}itsch^h	weniger

Zeit und Datum

Wochentage

jerkuschabt^{h}i	Montag
jerek^{h}schabt^{h}i	Dienstag
tsch^{h}orek^{h}schabt^{h}i	Mittwoch
hingschabt^{h}i	Donnerstag
urbat^h	Freitag
schabat^h	Samstag
kiraki	Sonntag

Monatsnamen (im Satz klein geschrieben)

hunwar	Januar
p^{h}etrwar	Februar
mart	März
april	April
majiß	Mai
huniß	Juni
huliß	Juli

ogoßtoß	August
ßeptember	September
hoktember	Oktober
nojember	November
dektember	Dezember

Allgemeine Zeitangaben

tari	Jahr
amiß	Monat
schabat^{h}	Woche
or	Tag
k^{h}arrord sham	Viertelstunde
k^{h}eß sham	halbe Stunde
sham	Stunde
rope	Minute
wajrkjan	Sekunde

Feiertage

nor tari	Neujahr
ßurb znund	Weihnachten
satik	Ostern
hambardsum	Himmelfahrt
hogegalußt	Pfingsten

Wenn man über Jahresangaben spricht, muss man in der armenischen Schriftsprache formell eine Form des Wortes t^{h}wakan gebrauchen, was buchstäblich „numerisch" oder

„zahlenmäßig" bedeutet. Wenn man bei Datumsangaben „im, am" oder „im Jahre (...)" sagen will, wird dem jeweiligen Grundwort (z. B. t^{h}wakan) die Nachsilbe -in beigegeben.

Bei Jahresangaben nennt man in der Umgangssprache manchmal auch ganz schlicht das betreffende Jahr (ohne t^{h}wakan), und hängt -in an:

1998 t^{h}wakanin	anno 1998
1998-in	im Jahre 1998
hunißin	im Juni
martin	im März
dektemberin	im Dezember
ogoßtoßi jerek^{h}in	am 3. August
shamë jerek^{h}in	um 3 Uhr

Das Datum wird in der Reihenfolge Jahr, Monat, Tag genannt.

hasar inë harjur innßunut^h (1998) t^{h}wakani marti taßnwezin
1998 Jahres-des März-des sechzehn-am
am 16.03.1998

amßi wezin
Monat-des sechs-am
am 6. dieses Monats

p^{h}etrwari wezin
Februars-des sechs-am
am 6. Februar

Zeit und Datum

Bei Aussagen wie „seit, ab“ oder „von (...) an“ verwendet man den 5. Fall, mit der typischen Ablativendung -iz.

1994 t^{h}wakaniz	seit 1994
nojemberiz	seit November
amßi ut^{h}iz	seit dem 8. dieses Monats
shamë tsch^{h}orßiz	ab vier Uhr
jerku shamiz	in zwei Stunden
hing ropeiz	in fünf Minuten
mi k^{h}ani oriz	in ein paar Tagen
hing oriz	in fünf Tagen
jerek^h amßiz	in drei Monaten

nojemberi jerek^{h}iz (mintsch^{h}ew) dek^{h}t^{h}emberi ut^{h}ë
Novembers-des drei-von (bis) Dezembers-des acht-die
vom 3. November bis zum 8. Dezember

Sonstige Zeitangaben und Antworten auf die Frage „wann?“ oder „zu welcher Zeit?“

arrawotjan	am Morgen
zerekë	tagsüber
jerekojan	am Abend
gischerë	nachts
amen or	jeden Tag
amen tari	jedes Jahr
hima	jetzt
heto	später
henz hima	jetzt gleich
ajn shamanak hnaraworin	damals

tsch^{h}ap^{h} schut jerek tsch^{h}e	so schnell wie möglich
arradschin orë	vorgestern
jerek	gestern
ajßor	heute
waʀë	morgen
waʀë tsch^{h}e mjuß orë	übermorgen
anzjal schabat^{h}	letzte Woche
ajß schabat^{h}	diese Woche
mjuß schabat^{h}	nächste Woche
anzjal amiß	letzten Monat

Auf die Frage „(für) wie lange?" antwortet man im Instrumentalis:

Jerku orow Dilidschan em gnalu.
zwei Tage-mit Dilidschan bin gehen-werde
Ich werde für zwei Tage nach Dilidschan abreisen.

jerku amßow	für zwei Monate
kartsch shamanakow	für eine kurze Zeit

Das Wort für „bis" lautet mint^{h}schew:

mintsch^{h}ew shamë ut^{h}ë
bis Uhr-die acht-die
bis acht Uhr

mintsch^{h}ew schabat^{h}
bis Samstag
bis Samstag

mintsch^{h}ew amßi k^{h}ßanjot^{h}ë
bis Monats-des zwanzig-siebenter-die
bis zum 27. des Monats

mintschʰew 1988 tʰwakani dektemberi jotʰë
bis 1988 Jahres-des Dezembers-des sieben-der
bis 7. Dezember 1988

mintschʰew (shamë) hingë
bis (Stunde-die) fünf-die
bis fünf (Uhr)

Genaue Uhrzeitangaben (auf die Frage „wie spät ist es?") macht man, indem man zunächst shamë, „die Uhr" / „die Stunde" sagt, gefolgt von der Zahl mit Artikel:

nerezekʰ, shamë kʰanißn e?
entschuldigen-Sie Stunde-die wieviel?-der ist
Entschuldigen Sie, wie spät haben wir es?

Shamë utʰn e.
Stunde-die acht-die ist
Es ist acht Uhr.

Eine kompliziertere Konstruktion wird in Ausdrücken wie „halb acht", „zehn vor drei" oder „zwanzig (Minuten) nach drei" benutzt: Die Vorgehensweise bei „nach"-Konstruktionen:

Stundenzahl (mit Artikel)
\+ anz (über)
\+ Minutenzahl (oder keß „halb")
\+ e (3. Person Einzahl von linel „sein")

hingn anz keß e
fünf-der über halb ist
halb sechs

hingn anz taß e
fünf-der über zehn ist
zehn (Minuten) nach fünf

Vorgehensweise bei „vor"-Konstruktionen:

Stundenzahl (im 3. Fall)
+ Minutenzahl
+ pakaß („weniger")
+ e (3. Person Einzahl von linel „sein")

hingin taß pakaß e
fünf-von zehn weniger ist
zehn (Minuten) vor fünf

hingin taßnhing pakaß e
fünf-von fünfzehn weniger ist
Viertel vor fünf

Die Frage „den Wievielten haben wir heute?" wird mit dieser Konstruktion beantwortet:

Monatsnamen (im 2. Fall)
+ Zahl mit Artikel
+ e (3. Person Einzahl von linel „sein").

Hok^h temberi ut^h n e.
Oktobers-des acht-der ist
Es ist der 8. Oktober.

Foto: G.Pardelli

In der Kirche

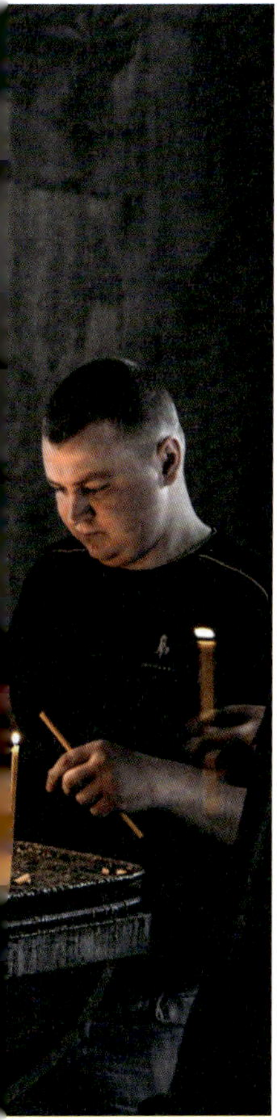

Kurz-Knigge

Wenn man zum ersten Mal in Armenien ist, wird man merken, dass man als Reisender oder Reisende unbedingt eine gehörige Dosis Geduld mitnehmen sollte. Armenien ist kein Land für Ungeduldige. In diesem Land muss man sich in jeder Hinsicht mehr Zeit nehmen, um etwas zu erreichen. Vieles funktioniert in diesem Land nicht immer. Zugegeben, ärgerlich ist es schon; ob es sich jetzt um Treibstoffmangel, Bürokratie, Verspätungen durch Stromausfall oder eine Panne unterwegs handelt. Versuchen Sie jedoch, die Sache hinzunehmen wie sie ist und sich nicht allzu viel daraus zu machen. Man muss damit rechnen, dass sich das öffentliche Leben in Armenien viel langsamer vollzieht als in Deutschland. Man kann sich zwar darüber ärgern und sich beklagen, weiter kommt man damit aber nicht. Viel besser ist es, sich den veränderten Umständen anzupassen und sich flexibel zu zeigen. Nehmen Sie sich Zeit für alles, was Sie auch unternehmen wollen.

Frauen können sich wie in Westeuropa kleiden, bei förmlichen Anlässen und anderen offiziellen Angelegenheiten ist es üblich, sich korrekt und ordentlich zu kleiden. Es ist nicht angeraten, sehr auffällige oder herausfordernde Kleidung zu tragen. Vor allem bei Frauen erregt auffällige und überflüssige

Extravaganz Missfallen. Das wird als beschämend angesehen, und man macht sich damit nur lächerlich. Es ist nicht ausgeschlossen, dass man sich in einem solchen Fall überall und von jedem von oben bis unten „begutachtet" fühlt. Armenier lieben es, nette Kleider anzuziehen, wenn Sie ins Theater gehen oder ein Konzert besuchen wollen. Im Allgemeinen kann man sagen, dass man sich in Armenien etwas „überkleidet", was nicht heißen soll, dass man deshalb überall und immer konventionell oder konservativ aussehen muss. Besonders die Frauen achten sehr auf ihr äußeres Erscheinungsbild. Da Dienstleistungen wie Friseur, Nagelpflege etc. verhältnismäßig billig sind, sind die Frauen immer fachmännisch frisiert und sehen sehr gepflegt aus.

Verhalten Sie sich stets zurückhaltend und bescheiden. Höflichkeit ist auch in Armenien ein Muss. Im Gespräch sollten Sie nicht allzu strikt auf Ihrem Standpunkt beharren, vor allem wenn über politische Themen geredet wird. Auch wenn Sie mit etwas absolut nicht einverstanden sind oder einen chaotischen Gang der Dinge feststellen, so sollten Sie nicht ständig auf Ihrem Recht bestehen und scharfe Äußerungen unterlassen.

Manches, was Europäer vielleicht normal finden, ist in einer vergleichbaren Situation in Armenien nicht angebracht, zum Beispiel sich am Tisch die Nase zu putzen, oder noch extremer: An warmen Tagen als Mann mit entblößtem Oberkörper oder barfuß durch die Stadt zu bummeln. In dieser Hinsicht ist äußerste Zurückhaltung geboten. Weiterhin gibt es in Armenien Null Toleranz in Bezug auf Drogen. Verbrauch, Besitz oder Handel mit Drogen ist strengstens verboten!

Armenier sind in allen Bereichen überaus gastfreundlich, hilfsbereit und zuvorkommend. Zögern Sie nicht, um Hilfe zu bitten, wenn Sie Hilfe brauchen. Vielleicht werden Sie obendrein auch zum Kaffee (oder gar zum Essen) eingeladen. Nehmen Sie die Einladung an! Armenier lieben es, sich mit Ausländern zu unterhalten und etwas über Land, Kultur und die Menschen aus dem Heimatland ihres Gastes in Erfahrung zu bringen.

Armenier sind ein sehr stolzes Volk. Bei vielen Anlässen reden sie gerne und ausführlich über ihre kulturellen, historischen und wissenschaftlichen Erfolge. Geschehnisse und Entwicklungen, bei denen Armenier eine wichtige Rolle gespielt haben, werden mit viel Pathos erzählt. Hören Sie sich alles geduldig und interessiert an, auch wenn es Sie nicht interessiert. Desinteresse an der Kultur und Geschichte Armeniens wird als Beleidigung empfunden.

Versuche, Frauen oder Mädchen zu verführen, sollte man als Mann unterlassen. Die armenische Gesellschaft ist im amourösen Bereich noch ziemlich konservativ und patriarchalisch. In ländlichen Gegenden wird man ohne die ausdrückliche Genehmigung des Vaters oder Bruders sowieso nicht viele Möglichkeiten haben. Homosexualität ist als Thema tabu.

Anrede, Begrüßen und Verabschieden

Anreden sollte man Unbekannte mit paron (Herr) und tikin (Frau). Es gibt auch oriord (Fräulein).

paron Chatsch^{h}atrjan	Herr Chatschatrjan
tikin Tigranjan	Frau Tigranjan

Mit einem Smartphone können Sie sich die mit einem 🔊 gekennzeichneten Sätze dieses Kapitels anhören. Scannen Sie einfach den QR-Code mit Hilfe einer kostenlosen App (z. B. „Barcoo" oder „Scanlife").

Bei Anreden wird auch oft horak^{h}ujr / horjerbajr (Schwester/Bruder väterlichenseits), morak^{h}ujr / morjeRp^{h}ajr (Schwester/Bruder mütterlicherseits = Tante, Onkel), k^{h}ujrik^{h}/jeRbajr (Schwester/Bruder) benutzt. Oft kommt dazu (auch beim Eigennamen) das Wort dschan in Bedeutung von „Liebes", wie z. B. k^{h}ujrik^{h} dschan – liebe Schwester, Aram dschan – lieber Aram etc.

Manchmal redet man Bekannte oder Freunde, auch wenn man sie noch nicht so lange kennt, mit ënker (Freund) an. Während der Sowjetzeit bedeutete dieses Wort auch „Genosse". Es ist jedoch auch heute noch gang und gebe, jemanden, den man nicht gut kennt, mit ënker anzusprechen. Das heißt nicht, dass man überzeugter Kommunist ist!

թույլ տվեք ներկայացնել / ծանոթացնել…
🔊 **T^{h}ujl twek^{h} nerkajaznel …**
Erlaubnis gebt vorstellen
Darf ich Ihnen vorstellen, das ist …

tikin Petroßjanin	Frau Petrosjan
(...) im knodschë	meine Frau
(...) im amussnun	mein Mann
(...) im tRajin	mein Sohn
(...) im aRdschkan	meine Tochter

շատ ուրախ եմ
Schat urach em!
sehr froh bin
Sehr angenehm!

բարև ձեզ / բարև
Barew dses / barew!
Grüße euch / Grüße
Hallo! / Grüß dich!

բարի լույս.
Bari lujß!
freundliches Licht
Guten Morgen!

bari = *gut, freundlich*

բարի օր
Bari or!
freundlichen Tag
Guten Tag!

բարի երեկո
Bari jereko!
freundlichen Abend
Guten Abend!

ինչպե՞ս եք
Intsch^{h}peß ek^{h}?
wie? seid
Wie geht es Ihnen?

ինչպե՞ս ես
Intsch^{h}peß eß?
wie? bist
Wie geht es dir?

լավ եմ, շնորհակալություն:
Law em, schnorhakalut^{h}jun.
gut bin Dank
Danke, sehr gut.

Դուք ինչպե՞ս եք / ես
Duk^{h} intsch^{h}peß ek^{h} / eß?
ihr wie? seid / bist
Und Ihnen / dir?

շատ ուրախ եմ ձեզ հետ ծանոթանալու համար
Schat urach em dses het zanot^{h}analu hamar.
sehr froh bin euch mit kennenlernen-zu für
Ich habe mich gefreut, Sie kennenzulernen.

ի՞նչ նորություն կա
Intsch^{h} norut^{h}jun ka?
was? Neuigkeit gibt
Was gibt es Neues?

ոչ մի բան
Wotsch^{h} mi ban.
nicht ein etwas
Nichts.

կներեք, ես արդեն պետք գնամ
Kënerek^{h}, jeß arden petk^{h} e gnam.
verzeiht ich schon nötig ist gehe
Verzeihen Sie, ich muss mich schon auf den Weg machen.

Foto: G.Pardelli

Gastfreundschaft gehört einfach dazu!

ցտեսություն
Zteßut^{h}jun.
bis-Wiedersehen
Auf Wiedersehen!

հաջողություն
HadschoRut^{h}jun
Erfolg
Alles Gute!

ամենայն բարիք
Amenajn barik^h
alles Gute
Alles Gute!

իմ կողմից բարևեք ...–
Im koRmiz barewek^h ...- (+Akk.)
meine Seite-von (ihr-)grüßt ...(+Akk.)
Schöne Grüße an ...

Bei „Grüße an ..." wird bei Namensangaben die Endung -in gebraucht:

Geworkin	an Gework
Aramin	an Aram
Wart^{h}anin	an Wartan
Franzin	an Franz
Hanßin	an Hans

մինչև վաղը
Mintsch^{h}ew waRë!
bis morgen
Bis morgen!

հաջող / ցը
HadschoR / zë!
erfolgreich / bis ...
Tschüß!

Bitten, Danken und Wünschen

այո շնորհակալություն
(Ajo), schnorhakalut^{h}jun.
(ja) Dank
(Ja) bitte.

կներեք, կարո՞ղ եք ինձ օգնել
Knerek^h, karoR ek^h inds ognel?
(ihr-)verzeiht, fähig (ihr-)seid mir helfen
Können Sie mir bitte helfen?

խնդրում եմ օգնեք ինձ
Chënt^{h}rum em ognek^h inds!
Bitten-beim (ich-)bin (ihr-)helft mir
Helfen Sie mir bitte!

ինձ հարկավոր է ...
Inds harkawor e ...
mir notwendig ist ...
Ich brauche (...)

կարելի՞ է ...
Kareli e ... ?
möglich? ist ...
Darf ich (...) ?

շնորհակալություն
Schnorhakalut^{h}jun!
Dank
Danke!

անչափ շնորհակալ եմ
Antsch^{h}ap^h schnorhakal em!
maßlos dankbar (ich-)bin
Ich danke Ihnen (vielmals)!

անչափ շնորհակալ եմ Ձեր օգնության համար
Antsch^{h}ap^h schnorhakal em dser ognut^{h}jan hamar!
maßlos dankbar bin eure Hilfe-der für
Herzlichen Dank für Ihre Hilfe!

չարժե / խնդրեմ
Tsch^{h}arshe / chënt^{h}rem.
nicht-kostet / bitte-ich
Bitte (nichts zu danken).

շնորհավոր
Schnorhawor!
Gratulation
Meine Glückwünsche!

շնորհավորում եմ Ձեզ
Schnorhaworum em dses!
Gratulieren-beim bin euch
Ich gratuliere!

շնորհավորում եմ Ձեզ Ձեր ծննդյան օրվա առթիվ
Schnorhaworum em dses dser zënëndjan orwa arrt^{h}iw!
Gratulieren-beim bin euch ihres Geburt-der Tag-des wegen
Ich gratuliere zum Geburtstag!

շնորհավորում եմ Ձեզ Ձեր տոնը
Schnorhaworum em dses dser tonë!
Gratulieren-beim bin euch euer Fest-das
Ich gratuliere zum Geburtstag!

սրտանց շնորհավորում եմ
ßrtanz schnorhaworum em!
Herz-von Gratulieren-beim bin
Herzlichen Glückwunsch!

Ձեզ մաղթում եմ …
Dses mart^{h}um em … .
euch Wünschen-beim bin …
Ich wünsche Ihnen …

ամենայն բարիք
Amenajn barik^h
alles Gute
… alles Gute.

հաջողություն
Hadschorut^{h}jun
Erfolg
… viel Erfolg.

քաջառողջություն
K^{h}adscharrordschut^{h}jun!
wohl-Gesundheit
… eine gute Gesundheit!

առողջություն
Arrordschut^{h}jun!
Gesundheit
Gesundheit! (Zuruf beim Niesen)

բարի ճանապարհ
Bari tschanapar!
freundlich Reise
Gute Reise!

շնորհավոր Սուրբ Ծնունդ
Schnorhawor ßurb znund!
Gratulation heilige Geburt
Frohe Weihnachten!

շնորհավոր Նոր Տարի
Schnorhawor nor tari!
Gratulation neues Jahr
Ein gutes neues Jahr!

Ձեր կենացը
Dser kenazë!
euer Prosit-das
Prosit!

կենացդ
Kenazëd!
Prosit-das-dein
Zum Wohl!

Das erste Gespräch

Name, Sprache und Herkunft

ինչպե՞ս է Ձեր անունը
Intsch^{h}peß e dser anunë?
wie? ist euer Name-der
Wie ist Ihr Name?

անունդ ինչ է
Anunëd intsch^{h} e?
Name-der-dein was? ist
Wie ist dein Name?

իմ անունը …) է
Im anunë (...) e
mein Name-der (...) ist
Mein Name ist (...).

Դուք որտեղի՞ց եք
Duk^{h} worteʀiz ek^{h}?
ihr woher? seid
Woher kommen Sie?

Auf diese Frage antwortet man immer mit der Landesbezeichnung + Ablativendung -iz:

ես Գերմանիայից եմ
Jeß Germaniajiz em.
ich Deutschland-aus bin
Ich komme aus Deutschland.

Awstriajiz	aus Österreich
Schwejzariajiz	aus der Schweiz
Holandiajiz	aus den Niederlanden
Belgiajiz	aus Belgien
Franßiajiz	aus Frankreich

Mit einem Smartphone können Sie sich die Sätze dieses Kapitels anhören.

Oder man sagt:

ես եմ
Jeß (...) em.
ich (...) bin
Ich bin ...

männlich: Hauptteil + **-zi** oder **-azi**

germanazi	Deutscher
awßtriazi	Österreicher
schwejzarazi	Schweizer
holandazi	Niederländer
franßiazi	Franzose
belgiazi	Belgier

weiblich: Hauptteil + **-uhi**

germanuhi	Deutsche
awßtruhi	Österreicherin
schwejzaruhi	Schweizerin
holanduhi	Niederländerin
franßuhi	Französin
belguhi	Belgierin

Sprache: Hauptteil + **-eren**

germaneren	deutsch
holanderen	niederländisch
franßeren	französisch

Eigenschaftswort: Hauptteil +**-ak^{h}an**

germanak^{h}an	deutsch
awßtriak^{h}an	österreichisch
schwejzarak^{h}an	schweizerisch
holandak^{h}an	niederländisch
franßiak^{h}an	französisch
belgiak^{h}an	belgisch

Verständigung

ես արդեն մի քիչ հայերեն գիտեմ
Jeß arden mi k^{h}itsch^h hajeren gitem.
ich schon ein wenig Armenisch weiß
Ich spreche schon ein wenig Armenisch.

ես … չգիտեմ / չեմ խոսում
Jeß (...) tsch^{h}ëgitem / tsch^{h}em choßum.
ich (...) nicht-weiß / nicht-bin Sprechen-beim
Ich spreche kein (...)

(Դուք) Գերմաներեն գիտե՞ք
(Duk^h) germaneren gitek^h?
(ihr) Deutsch wisst
Sprechen Sie Deutsch?

ես Ձեզ չեմ հասկանում
Jeß dses tsch^{h}em haßkanum.
ich euch nicht-bin Verstehen-beim
Ich verstehe Sie nicht.

(Դուք) հասկանու՞մ եք ինձ
(Duk^h) haßkanum ek^h inds?
(ihr) Verstehen-beim seid mich
Verstehen Sie mich?

հայերենում դրան ի՞նչ են ասում
Hajerenum dran intsch^h en aßum?
Armenisch-bei das was? seid(-ihr) Sagen-beim
Wie heißt das auf Armenisch?

Alter

քանի՞ տարեկան ես
K^{h}ani tarekan eß?
wieviel? jährig bist
Wie alt bist du?

ես քսան տարեկան եմ
Jeß k^{h}ßan tarekan em.
ich zwanzig jährig bin
Ich bin zwanzig Jahre alt.

Foto: G.Pardelli

watscharroruhi (Verkäuferin) auf dem Markt

Beruf

ի՞նչ մասնագիտություն ունեք
Intsch^{h} maßnagitut^{h}jun unek^{h}?
was? Spezialisierung habt(-ihr)
Was sind Sie von Beruf?

որտե՞ղ եք աշխատում
Worter ek^{h} aschchatum?
wo? seid(-ihr) Arbeiten-beim
Wo arbeiten Sie?

ես … եմ
Jeß (...) em.
ich (...) bin
Ich bin (...)

Die weibliche Form wird folgendermaßen gebildet: Hauptwort + weibliche Endung -uhi. Wenn die letzte Silbe ein „i“ erhält, dann fällt sie bei weiblichen Formen weg.

zarrajoR	Angestellter
zarrajoRuhi	Angestellte
p^{h}aßtaban	Anwalt
p^{h}aßtabanuhi	Anwältin
bshischk	Arzt
bshschkuhi	Ärztin
paschtonja	Beamter
t^{h}argmanitsch^h	Dolmetscher / Übersetzer
t^{h}argmantsch^{h}uhi	Dolmetscherin / Übersetzerin
elektratechnik	Elektriker
arrewtrakan	Kaufmann
bisneßmen	Geschäftsmann
tënteßuhi	Hausfrau
inshiner	Ingenieur
lragroR / shurnalißt	Journalist
ußuzitsch^h	Lehrer
ußuztsch^h+uhi	Lehrerin
mecahnik	Mechaniker
jerashischt	Musiker
t^{h}oschakarru	Rentner
ußanoR	Student
ußanoRuhi	Studentin
watscharror	Verkäufer
watscharroruhi	Verkäuferin
nerkajazuzitsch^h	Vertreter
atamnabujsh	Zahnarzt

Die weibliche Form wird nicht für alle Berufe benutzt. In der Regel ist es nicht falsch, wenn man auch als Frau die männliche Form benutzt.

Entschuldigung

ներեցեք
Nerezek^{h}.
verzeiht(-ihr)
Es tut mir leid.

ներողություն
Neroruth^{h}jun!
Verzeihung
Entschuldigung!

ներողություն եմ խնդրում
Neroruth^{h}jun em chënt^{h}rum!
Verzeihung bin Bitten-beim
Ich bitte um Entschuldigung!

չէի ուզում Ձեզ անհանգստացնել
Tsch^{h}eji usum dses anhangëßtaznel!
nicht-war(-ich) Wollen-beim euch beunruhigen
Es war nicht so gemeint!

չէի ուզում Ձեզ վիրավորել
Tsch^{h}eji usum dses wirawore l.
nicht-war(-ich) Wollen-beim euch verletzen
Ich hatte nicht die Absicht, Sie zu beleidigen.

մեղավորը ես եմ / իմ մեղքն է
Meraworë jeß em / im merk^{h}n e.
Schuldige-der ich bin / meine Schuld-die ist
Es ist meine Schuld.

ոչինչ, մի անհանգստացեք
Wot^{h}shintsch^{h}, mi anhangëßtazek^{h}.
nichts nicht beunruhigt(-ihr)
Ist nichts, machen Sie sich keine Sorgen.

Floskeln und Redewendungen

Դա ինձ դուր է գալիս
Da inds dur e galiß.
das mir angenehm ist Kommen-beim
Das gefällt mir (gut).

Դա ինձ դուր չի գալիս
Da inds dur tsch^{h}i galiß.
das mir angenehm nicht Kommen-beim
Das gefällt mir nicht.

մեծ սիրով
Mez ßirow.
Sehr gerne!

մեծ հաճույքով
Mez hatschujk^{h}ow.
Sehr gerne!

եղավ/լավ/բարի
JeRaw! / Law! / Bari!
Einverstanden!

շատ բարի
Schat bari!
Ausgezeichnet!

հոյակապ
Hojakap!
Hervorragend!

սքանչելի
ßk^{h}antsch^{h}eli!
Wunderbar!

հրաշալի
Hraschali!
Fabelhaft!

ճիշտ է
Tschischt e.
richtig ist
Das ist richtig.

այդպ'ես է.
Ajdpeß e.
so ist
So ist es.

Դուք ճիշտ եք
Dukʰ tschischt ekʰ.
ihr richtig seid
Sie haben Recht.

ճիշտ եք ասում
Tschischt ekʰ aßum.
richtig seid Sagen-beim
Sie haben Recht.

ես էլ նույն կարծիքին եմ
Jeß el nujn karzikʰin em.
ich auch selbe Meinung-der bin
Ich bin derselben Meinung.

ես էլ եմ այդպես մտածում
Jeß el ajdpeß em mëtazum.
ich auch so bin Denken-beim
Ich denke auch so darüber.

կարծում եմ, որ այդպես է
Karzum em wor ajdpeß e.
Denken-beim bin dass so ist
Ich denke schon.

Ablehnen

ոչ, ես չեմ կարող
Wotschʰ, (jeß) tschʰem karoR.
nein, (ich) nicht-bin fähig
Nein, ich kann nicht.

ոչ, Ձեզ համամիտ չեմ
Wotschʰ, (jeß) dses hamamit tschʰem.
nein (ich) euch einig nicht-bin
Nein, ich bin nicht derselben Meinung.

ես ցանկություն չունեմ
(Jeß) zankut^{h}jun tsch^{h}unem.
(ich) Wunsch nicht-habe
Ich habe keine Lust.

ես չեմ ուզում
(Jeß) tsch^{h}em usum.
(ich) nicht-bin Wollen-beim
Ich will nicht.

երբեք
Jerbek^{h}!
Niemals!/

ոչ մի դեպքում
Wotsch^{h} mi depk^{h}um!
Auf keinen Fall!

օգնություն
Ognut^{h}jun!
Hilfe!

օգնեցեք
Ognezek^{h}!
Hilfe!

գնա կորի
Gna kori!
Hau ab!

Liebe

ես քեզ սիրում եմ
Jeß k^{h}es ßirum em.
ich dich Lieben-beim bin
Ich liebe dich.

(ես) սիրահարված եմ քեզ
Jeß ßiraharwa zem k^{h}es.
ich verliebt bin dich
Ich bin verliebt in dich.

չէ, մի արա
Tsch^{h}e, mi ara!
nein, nicht tue!
Nein, lass das!

ես արդեն սիրեկան ունեմ
Jeß arden ßirekan unem.
ich schon Geliebter habe
Ich habe schon einen Geliebten.

ես արդեն սիրուհի ունեմ
Jeß arden ßiruhi unem.
ich schon Geliebte habe
Ich habe schon eine Geliebte.

նշանված եմ
Nëschanwaz em.
verlobt bin
Ich bin verlobt.

ամուսնացած եմ
Amussnazaz em.
verheiratet bin
Ich bin verheiratet.

Und ...

ես կուզենայի
Jeß kusenaji
ich möchte (...)
Ich möchte ...

ես կցանկանայի
Jeß këzankanaji (...)
ich hätte gewünscht (...)
Ich würde gerne ...

կարելի / թույլատրելի
Kareli e (...) / T^{h}ujlatreli e (...)?
möglich? ist (...)
Darf ich / dürfte ich / darf man ...?

սիգարետ^{h} ունե՞ք
ßigaret unek^{h}?
Zigarette habt
Haben Sie eine Zigarette?

վառիչ ունե՞ք
Warritsch^{h} unek^{h}?
Feuer habt
Haben Sie Feuer?

վառիչ ունե՞ս
Warritsch^{h} uneß?
Feuer hast
Hast du Feuer?

կցանկանայիք մի բան խմել
Këzankanajik^{h} mi ban chmel?
Wollen Sie etwas trinken?

intsch^{h}peß?	Wie bitte?
guze.	Vielleicht.
iharke.	Natürlich.
tsch^{h}ëgitem.	Ich weiß es nicht.
intsch^{h}peß kusek^{h}.	Wie Sie wollen.

Zu Gast sein

Armenier sind gute Gastgeber. Es ist die einfachste und selbstverständlichste Sache der Welt, Gäste einzuladen, sich mit Ihnen zu unterhalten, mit Ihnen zu essen, zu trinken und zu lachen, auch wenn man sie nur kurz kennt. Nutzen Sie Ihre Chance, lassen Sie sich einladen!

Mit einem Smartphone können Sie sich die Sätze dieses Kapitels anhören.

մենք կուզենայինք Ձեզ հրավիրել
Menk^h kusenajink^h dses hrawirel.
wir möchten euch einladen
Wir wollen Sie gerne zu uns einladen.

շատ սիրալիր է Ձեր կողմից
Schat ßiralir e dser koʀmiz.
sehr liebevoll ist eure Seite-aus
Das ist sehr nett von Ihnen.

ցավոք այսօր շատ զբաղված եմ
Zawok^h ajßor schat sbaʀwaz em.
leider heute sehr beschäftigt bin
Ich bin heute leider sehr beschäftigt.

ժամը քանիսի՞ն է հարմար
Shamë k^{h}anißin e harmar?
Uhr-die wieviel-um? passend ist
Wie spät sollen wir kommen?

կարելի՞ է իմանալ Ձեր հասցեն
Kareli e imanal dser haßzen?
möglich? ist wissen Ihre Adresse-die
Wie ist Ihre Adresse?

ինչպե՞ս է Ձեզ դուր գալիս Հայաստանը
Intsch^{h}peß e dses dur galiß Hajaßtanë?
wie? ist Ihnen angenehm Kommen-beim Armenien-das
Wie gefällt es Ihnen in Armenien?

ամուսնացա՞ծ եք
Amussnazaz ek^{h}?
verheiratet? seid(-ihr)
Sind Sie verheiratet?

երեխաներ ունե՞ք
Jerechaner unek^{h}?
Kinder habt(-ihr)?
Haben Sie Kinder?

ոչ, դեռ ուսանող եմ
Wotsch^{h}, derr ußanoR em.
nein noch Student bin
Nein, ich bin noch Student.

ի՞նչ եք սովորում
Intsch^{h} ek^{h} ßoworum?
was? seid(-ihr) Lernen-beim
Was studieren Sie?

leswabanut^{h}jun	Sprachwissenschaft
k^{h}aRak^{h}agitut^{h}jun	Politikwissenschaft
informat^{h}ika	Informatik
bshschkut^{h}jun	Medizin
jerashschtut^{h}jun	Musik
hamalßaran	Universtät
ußumnaran	Hochschule

մենք այստեղ արձակուրդ ենք անցկացնում
Menk^{h} ajßteR ardskurd enk^{h} anzkaznum.
wir hier Ferien sind Durchbringen-beim
Wir machen hier Ferien.

ես գործով եմ եկել
Jeß gorzow em jekel.
ich Arbeit-mit bin gekommen
Ich bin auf Geschäftsreise.

շնորհակալություն, ես չեմ խմում
Schnorhakalut^{h}jun, jeß tsch^{h}em chëmum.
Dank, ich nicht-bin Trinken-beim
Danke, aber ich trinke nicht.

շնորհակալություն, ես չեմ ծխում
Schnorhakalut^{h}jun, jeß tsch^{h}em zëchum.
Dank, ich nicht-bin Rauchen-beim
Danke, aber ich rauche nicht.

շախմատ խաղում եք
Schachmat chaRum ek^h?
Schach Spielen-beim seid
Spielen Sie Schach?

նարդի խաղում եք
Nardi chaRum ek^h?
Backgammon Spielen-beim seid
Spielen Sie Backgammon?

շատ շնորհակալ եմ Ձեր հրավերքի և հյուրասիրության համար:
Schat schnorhakal em dser hrawerk^{h}i jew hjuraßirut^{h}jan hamar.
sehr dankbar bin Ihre Enladung-der und Gastfreundschaft-der für
Vielen Dank für die Einladung und Gastfreundschaft.

Յաճելի երեկո անցկացրեցինք
Hatscheli jereko anzkazrezink^h.
angenehmen Abend verbrachten(-wir)
Wir hatten einen netten Abend.

Bei Ihrem Besuch werden Sie höchstwahrscheinlich eine ganze armenische Familie kennenlernen.

hajr	Vater
tatik	Großmutter
majr	Mutter
papik	Großvater
tëRA	Sohn
k^{h}ujr	Schwester
ARdschik	Tochter
jeRbajr	Bruder
k^{h}erri	Onkel mütterlicherseits
horjeRpajr	Onkel väterlicherseits
morak^{h}ujr	Tante mütterlicherseits
horak^{h}ujr	Tante väterlicherseits

Unterwegs ...

Orientierung

adsch	rechts
dsach	links
bank	Bank
URIR	geradeaus
motik^h	nah
rreßtoran	Restaurant
deßpanatun	Botschaft
kafe	Café
herru	weit
p^{h}OROZ	Straße
ajgi	Park
pORota	Boulevard
chatsch^{h}meruk	Kreuzung
woloran	Kurve

hraparak	Platz
k^{h}aRak^h	Stadt
k^{h}aRak^{h}i kentron	Innenstadt
gjuR	Dorf
jerkir	Land
litsch	See
chanut^h	Geschäft
sboßapëtujt	Rundfahrt
schenk^h	Gebäude
hiwandanoz	Krankenhaus
hanrachanut^h	Kaufhaus
woßtikanut^{h}jun	Polizei

Verkehr

awtobuß	Bus
metro	U-Bahn
tramwaj	Straßenbahn
gnazk^h	Zug
awto	Auto
jert^{h}uRajin tak^{h}ßi	Sammeltaxi
takßi	Taxi
odanawakajan	Flughafen
tomß	Fahrkarte, auch Eintrittskarte
kangarr	Haltestelle
erkat^{h}uRajin kajaran	Bahnhof

(…) որտե՞ղ է
(…) worteR e?
(…) wo? ist
Wo ist (…)?

Mit einem Smartphone können Sie sich die Sätze dieses Kapitels anhören.

Unterwegs ...

Ներեցեք, ինչպե՞ս կարելի է գնալ …
Nerezek^h, intsch^{h}peß kareli e gnal (...)?
verzeiht(-ihr), wie? möglich ist gehen (...)
Wie komme ich bitte nach (...)?

որտե՞ղ պետք է նստեմ
Worter petk^h e nëßtem?
wo? nötig ist einsteige
Wo muss ich einsteigen?

որտե՞ղ պետք է իջնեմ
Worter petk^h e idschnem?
wo? nötig ist aussteige
Wo muss ich aussteigen?

ո՞ր համարի ավտոբուսն է գնում դեպի …
Wor hamari awtobußn e gnum depi (...)?
welche? Nummer-der Bus-der ist Gehen-beim nach (...)
Welche Buslinie fährt nach (...)?

որտեղի՞ց կարող եմ գնել
Worteriz karor em tomß gnel?
woher? fähig bin Fahrkarte kaufen
Wo kann ich einen Fahrschein kaufen?

շա՞տ հեռու է
Schat herru e?
sehr? weit ist
Ist es sehr weit?

Sehenswürdigkeiten

schatrwanner	Fontäne
huschardsan	Denkmal
konßerwatoria	Konservatorium
wank^{h}	Kloster
tatschar	Kathedrale
schuka	Markt
jekeʀezi	Kirche
filharmonia	Philharmonie
jeritaßardakan palat	Jugendpalast
operaji jew	Opern- und
baleti t^{h}atron	Ballett-Theater
t^{h}angaran	Museum
gasananoz	Zoo

Auto

Es besteht die Möglichkeit, in Armenien ein Auto zu mieten und damit selbst durchs Land fahren. Die Autobahnen sind in relativ gutem Zustand, aber leider sind die Straßen in vielen Orten des Landes in ziemlich schlechter Verfassung, dadurch ist auch die Wahrscheinlichkeit einer Panne verhältnismäßig hoch. Der Mangel an gerade diesem oder jenem Ersatzteil und dem Pannendienst unterwegs macht eine lange Autofahrt durchs Land eine Sache für eingefleischte Abenteurer – obwohl Armenier einander unterwegs bei Pannen und Notsituationen immer eine hilfreiche Hand bieten und im Allgemeinen fachkundige Autoschlosser sind! Oft kann man doch jemanden finden (manchmal sogar Taxifahrer), der dazu bereit ist, Sie irgendwohin außerhalb der Stadt zu fahren (gegen Bezahlung von Benzin oder Unkostenerstattung, Tarif im voraus vereinbaren!). Am besten kann man sich jedenfalls im Hotel nach den günstigsten Möglichkeiten zur Bereisung und Erforschung des Landes erkundigen.

Bahn

Mit der Bahn reisen nur sehr wenige, und dann auch nur, wenn sie wirklich keine andere Wahl haben; die armenischen Eisenbahnen verkehren in einem erbärmlichen Zustand.

Taxi

Taxen stehen überall, man kann sie bestellen und sehr günstig damit fahren. Bei Fernfahrten ist es ratsam, den Preis im Voraus zu vereinbaren.

որտե՞ղ է տաքսու կանգառը
Worter e takʰßu kangarrë?
wo? ist Taxis-des Warteplatz-der
Wo ist der Standplatz für Taxis?

'Զվարթնոց' օդանավակայան, խնդրեմ
'Swartʰnoz odanawakajan, chëntʰrem.
'Swartnoz' Flughafen bitte(-ich)
Zum Flughafen „Swartnoz" bitte.

... հյուրանոց, խնդրեմ
(...) hjuranoz, chënt^{h}rem.
(...) Hotel, bitte(-ich)
Zum Hotel (...) bitte.

կարո՞ղ եք ինձ ... տանել
KaroR ek^h inds (...) tanel?
fähig? seid(-ihr) mich (...) bringen
Können Sie mich nach (...) fahren?

այստեղ կանգնեք, խնդրում եմ
AjßteR kangnek^h, chënt^{h}rum em.
hier anhaltet Bitten-beim bin
Würden Sie bitte hier anhalten?

ինչքանո՞վ կտանեք
Intsch^{h}k^{h}anow këtanek^h?
wieviel?-mit werdet-mitnehmen
Wieviel verlangen Sie dafür?

ինչքա՞ն պետք է վճարեմ
Intsch^{h}k^{h}an petk^h e wëtscharem?
wieviel? nötig ist bezahle
Was bin ich Ihnen schuldig?

Am Flughafen

Am Flughafen von Jerewan ist immer jemand zu finden, der Englisch oder einigermaßen Französisch sprechen kann. Einfacher ist es jedoch auf Armenisch.

ես կուզենայի գնել Երևան–
Ֆրանկֆուրտ ուղերթով ինքնաթիռի տոմս
Jeß kusenaji gnel Jerewan-
Frankfurt uʀertʰow inkʰnatʰirri tomß.
ich möchte kaufen Jerewan-
Frankfurt Strecke-mit Flugzeugs-des Flugschein
Ich möchte einen Flug Jerewan –
Frankfurt buchen.

... որտե՞ղ է
(...) worteʀ e?
(...) wo? ist
Wo ist (...)?

որտե՞ղ եմ կարող ստանալ իմ ուղեբեռը
Worteʀ em karoʀ ßtanal im uʀeberrë?
wo? bin fähig bekommen mein Gepäck-das
Wo kann ich mein Gepäck abholen?

իմ ուղեբեռը չկա
Im uʀeberrë tschʰëka.
mein Gepäck-das nicht-gibt
Ich kann mein Gepäck nicht finden.

ես կուզենայի փող փոխանակել

Jeß kusenaji p^{h}oR p^{h}ochanakel.

ich möchte(-ich) Geld wechseln

Ich möchte Geld wechseln.

սա իմ ձեռքի ուղեբեռն է

ßa im dserrk^{h}i uReberrn e.

das meine Hand-ihres Gepäck-das ist

Das ist mein Handgepäck.

ինչքա՞ն պետք է ավելորդ ուղեբեռի համար մուծեմ

Intsch^{h}k^{h}an petk^{h} e awelord uReberri hamar muzel?

wieviel? nötig ist zusätzliches Gepäcks-des für bezahlen

Wieviel muss ich für das Übergepäck bezahlen?

այս թռիչքը ուշացում ունի՞

Ajß t^{h}rritsch^{h}k^{h}ë uschazum uni?

dieser Flug-der Verspätung hat

Hat dieser Flug Verspätung?

թռիչքը / վայրէջքը քանիսի՞ն է

T^{h}rrischk^{h}ë / wajredschk^{h}ë k^{h}anißin e?

Flug-der / Ankunft-die wann ist

Wann ist die Ankunft/ der Abflug?

կարո՞ղ եմ վիզան այստեղից ստանալ

KaroR em wisan ajßteRiz ßtanal?

fähig bin Visum-das hier bekommen

Kann ich hier ein Visum beantragen?

ես Ձեզ չեմ հասկանում, ինձ հարկավոր է թարգմանիչ

Jeß dses tsch^{h}em haßkanum, inds harkawor e t^{h}argmanitsch^{h}.

ich euch nicht-bin Verstehen-beim mir notwendig ist Dolmetscher

Ich kann Sie nicht verstehen, ich brauche einen Dolmetscher.

einige nützliche Vokabeln für den Flughafen

teRakëtron	Bordkarte
anwajredschk^h t^{h}rritsch^{h}k^h	Direktflug
granzman ket^h	Eincheckschalter
asganun	Familienname
uRewor	Fluggast
jelk^{h}i petakan turk^h	Flughafengebühr
ink^{h}nat^{h}irri tomß	Flugschein
ink^{h}nat^{h}irr / odanaw	Flugzeug
k^{h}ora z ireri pahaßenjak	Fundbüro
zënëndat^{h}iw	Geburtsdatum
zënëndawajr	Geburtsort
nwerner	Geschenke
ushi medsch	gültig
teRekat^{h}u bjuro	Informationsschalter
tschampruk	Koffer
andsnagri ßtugum	Passkontrolle
shamanakin	planmäßig
andsnagir	Reisepass
werdschnaket	Reiseziel
amragrel	reservieren
k^{h}aRak^{h}aziut^{h}jun	Staatsangehörigkeit
tomßarkR	Ticketschalter
sugaranq	Toilette
taranzik	Transit
ßtoragrut^{h}jun	Unterschrift
wisa	Visum
anun	Vorname
bnakawajr	Wohnort
mak^{h}ßatun	Zollamt
mak^{h}ßajin hajtararagir	Zollerklärung

Unterkunft, Hotel

Ես նախօրոք պատվիրել եմ …
Jeß nachorok^{h} patwirel em (...)
ich im-voraus reserviert bin (...)
Ich habe ein (...) reserviert.

Ունե՞ք …
Unek^{h} ...?
habt(-ihr)? (...)
Haben Sie (...)?

mek^{h} hoganoz ßenjak	ein Einzelzimmer
jerk^{h}u hoganoz ßenjak	ein Zweibettzimmer

baRnik^{h}ow	mit Bad
duschow	mit Dusche
ajß gischerwa hamar	für heute nacht
(...) orwa hamar	für (...) Tage

… կա՞
(...) ka?
(...) gibt-es
Gibt es ein/eine/einen (...)?

odap^{h}ochitsch^{h}	Klimaanlage
herrachoß	Telefon
herrußtazujz	Fernseher
fak^{h}ß	Fax
andsnakan sugaran	eigene Toilette
tak^{h} dschur	warmes Wasser

կարելի՞ է սենյակը նախօրոք տեսնել
Kareli e ßenjakë nachorok^h teßnel?
möglich? ist Zimmer-das im-voraus sehen
Kann man sich das Zimmer im voraus ansehen?

այո, շատ հարմար է
Ajo, schat harmar e.
Ja, sehr geeignet ist
Ja, es ist sehr bequem.

ոչ, սենյակը չեմ հավանում
Wotsch^h, ßenjakë tsch^{h}em hawanum.
nein, Zimmer-das nicht-bin Gefallen-beim bin
Nein, das Zimmer gefällt mir nicht.

խնդրում եմ ցույց տվեք ավելի ... սենյակ
Chënt^{h}rum em zujz twek^h aweli (...) ßenjak.
Bitten-beim bin zeigt(-ihr) mehr (...) Zimmer
Zeigen Sie uns ein (...) Zimmer.

p^{h}ok^{h}r	kleineres
mez	größeres
hangißt	ruhigeres
eshan	billigeres
law	besseres

ի՞նչ արժե սենյակը
intsch^h /(kani) arshe ßenjakë?
wieviel kostet Zimmer-das
Wieviel kostet das Zimmer?

gischerë	pro Nacht
nachatschaschow	mit Frühstück
schabat^{h}ë	pro Woche
lriw parenaworumow	Vollpension

Նախաճաշը ժամը քանիսի՞ն է
Nachatschaschë shamë k^{h}anißin e?
Frühstück-das Uhr-die wie-spät ist
Wann kann man frühstücken?

Մենք … չունենք
Menk^{h} (...) tsch^{h}unenk^{h}.
wir (...) nicht-haben
Wir haben kein/keine/keinen (...).

zamk^{h}oz	Badehandtuch
ßërp^{h}itsch^{h}	Handtuch
otscharr	Seife
sugarani t^{h}URt^{h}	Toilettenpapier
adjal	Decke
tak^{h} dschur	warmes Wasser
ßarrë dschur	kaltes Wasser
banali	Schlüssel

… չի աշխատում
(...) tsch^{h}i aschchatum
(...) nicht(-ist) Funktionieren-beim
Der/die/das (...) funktioniert nicht.

lujßë	Licht
sugaranë	Toilette
djerruzumë	Heizung

մենք վաղը մեկնելու ենք:
Menk^h warë meknelu enk^h.
wir morgen abreisen-werden sind
Wir reisen morgen ab.

Խնդրում եմ հաշիվը պատրաստել
Chënt^{h}rum em haschiwë patraßtel.
Bitten-beim bin Rechnung-die fertig-machen
Machen Sie bitte die Rechnung fertig.

դուք Ձեր հաշիվների մեջ սխալվել եք
Duk^h dser haschiwneri medsch s-chalwel ek^h.
ihr eurer Rechnung-der in geirrt seid
Sie haben sich verrechnet.

կարո՞ղ եք մեզ համար տաքսի կանչել
KaroR ek^h mes hamar tak^{h}ßi kantsch^{h}el?
fähig seid(-ihr) uns für Taxi rufen
Könnten Sie ein Taxi für uns rufen?

ßpaßuhi	Zimmermädchen
tschaschaßrah	Speisesaal
wanna	Badewanne
baRnik^h	Badezimmer
dusch	Dusche
zënzuR	Duschkopf
hark	Etage
bards	Kissen
tschasch	Mittagessen
ënt^{h}rik^h	Abendessen
ënt^{h}unaran	Rezeption
paharan	Schrank

Am See

Am größten See im Transkaukasus, dem Sewan-See, gibt es einfache Ferienanlagen und Jugendlager (in Sowjetzeiten noch von jungen Pionieren bewohnt), in denen man übernachten kann. Viel Luxus sollte man da jedoch nicht erwarten.

Es gibt aber auch Hotels und Ferienanlagen, die nach westlichen Standards gebaut sind. Die Preise sind dort allerdings ziemlich hoch. Es lohnt sich auf jeden Fall, die schöne Gegend zu erkunden, einen Spaziergang zu machen, oder den berühmten ischchan-Fisch zu probieren.

Ներեցեք, կարո՞ղ ենք Ձեզ մոտ սենյակ վարձել
Nerezek^{h}, karoR enk^{h} dses mot ßenjak wardsel?
verzeiht(-ihr) fähig sind euch bei Zimmer mieten
Entschuldigung, kann man bei Ihnen ein Zimmer mieten?

մենք ուզում ենք … օր մնալ
Menk^{h} usum enk^{h} (...) or mnal.
wir Wollen-beim sind (...) Tag bleiben
Wir wollen (...) Tage bleiben.

տաք ջուր կա՞
Tak^{h} dschur ka?
warmes Wasser gibt(-es)
Gibt es warmes Wasser?

դուշ կա՞
Dusch ka?
Dusche gibt(-es)
... Dusche?

զուգարան կա՞
Sugaran ka?
Toilette gibt(-es)
...Toiletten?

որտե՞ղ կարելի է նավակ վարձել
WorteR kareli e nawak wardsel?
wo? möglich ist Boot mieten
Wo kann man hier ein Boot mieten?

որտե՞ղ կարելի է հայտնի "իշխան" ձուկը ուտել
WorteR kareli e hajtni „ischchan" dsukë utel?
wo? möglich ist berühmte „Ischchan" Fisch-der essen
Wo kann man hier den berühmten „Ischchan"-Fisch essen?

Fischsorten aus dem Sewan-See

ßig	Sig (lachsartiger Fisch)
zazan	Karpfen
koRak	Kochak
bachtak	Bachtak
beRlu	Bechlu
ischchan	Ischchan (Prinz)
pëtschnasard	Tüpfelforelle
woßkehatik karmrachajt	Fürstenforelle

Essen und Trinken

Essen und Trinken gehört in allen kaukasischen Ländern zu den wichtigsten täglichen Verrichtungen, so auch bei den Armeniern. Nur beim Essen kann man richtig zur Ruhe kommen, gemütlich beisammen sitzen, mit Freunden oder Gästen plaudern, mit den Kindern spielen, Witze reißen und sich mit Tischgenossen auf eine Diskussion über Politik oder die wirtschaftliche Lage im Lande einlassen.

Es ist ein tägliches Ritual, das sich mehrmals am Tag wiederholen kann, denn jeden Moment kann der Nachbar, ein Freund oder eine Freundin, ein Kollege oder eine Kusine zu Besuch kommen. Umgehend wird ihm oder ihr ein Teller mit Essen oder eine Tasse Kaffee vorgesetzt. Er oder sie wird ausführlich nach Neuigkeiten ausgefragt und muss sich selbstverständlich beim Gastgeber nach dem Wohl der Kinder oder Enkelkinder erkundigen. Gastfreundlichkeit steht an erster Stelle. Ob man nun arm oder reich ist, wenn Gäste kommen, wird der Tisch unter allen Umständen üppig gedeckt. Manchmal wird zum Abschluss einer guten Mahlzeit eine Partie Schach (schachmat) oder nardi (eine Art Backgammon) gespielt. Darauf folgen Kaffee, Zigarette (ßigaret) oder Cognac und noch mehr Diskussionen.

nachatschasch	Frühstück
tschasch	Mittagessen
ënt^{h}rik^{h}	Abendessen
tschaschateßak	Gericht

juRali	fett
wotsch^{h} juRali	mager
t^{h}arm	frisch
pind	hart
ßarrë / paR	kalt
p^{h}ap^{h}uk	zart
tak^{h}	heiß
anali	ungesalzen
ßowaz	hungrig
kuscht	satt
matuzoR	Kellner
këzu	scharf
jep^{h}waz	gar
hum	roh
aRi	salzig
k^{h}aRzr	süß
t^{h}ët^{h}u	sauer
andserrozik	Serviette
menju	Speisekarte
ßup / apur	Suppe
bußakerakan	vegetarisch
nachuteßt	Vorspeise
patarrak^{h}aR	Gabel
gëdal	Löffel
danak	Messer

gawat^h / bashak	Tasse / Glas
apße	Teller
chortkeRen	Appetitanreger
t^{h}ejap^{h}OR	Trinkgeld
ßeRan	Tisch
t^{h}ëchwaz	gebacken
jep^{h}waz	gekocht
tapakaz	gebraten

Zum Frühstück

haz	Brot
karak^h	Butter
panir	Käse
dshem	Marmelade
blintsch^{h}ikner	Pfannkuchen
mazun	Joghurt
dsu	Ei
dswadseR	Omelett
buterbrot	Butterbrot
meRR	Honig

Süßspeisen

tort^h	Torte
chmoreRen	Kuchen
konfet	Konfekt
schak^{h}ar	Zucker
paRpaRak	Eis
schokolad	Schokolade

Gemüse

badridschan	Aubergine
lobi	Bohne
ßißerr	Erbse
warung	Gurke
kaRamb	Kohl
ßchtor	Knoblauch
woßp	Linse
gasar	Karotte
lolik	Tomate
ßalat^{h}	(Kopf)salat
paprika / tak^{h}deR	Paprika
ßoR	Zwiebel

Beeren- und Kernobst

hatap^{h}ëtuR	Beere
haRardsch	Johannisbeere
jelak	Erdbeere
asnwamori	Himbeere
mosch	Brombeere
tands	Birne
ßerkewil	Quitte
chëndsor	Apfel

Steinobst und Nüsse

kerraß	Kirsche
deRds	Pfirsich
ziran	Aprikose
ßalor	Pflaume
ënkujs / popok^{h}	Walnuss

Kräuter und Appetitanreger

maRadanoß	Petersilie
dsit^{h}ap^{h}ëtuR	Oliven
pRpeR	Pfeffer
aR	Salz
mananeR	Senf
rrehan	Basilikum
t^{h}archun	Estragon
ananuch	Minze
dset^{h}	Öl
k^{h}azach	Essig
t^{h}ët^{h}u	Eingelegtes

Feldfrüchte, Nudeln

zoren	Weizen
gari	Gerste
korek	Hirse
brinds	Reis
makaron	Nudeln
kartofil	Kartoffel

Fleisch und Fisch

tawari miß	Rindfleisch
wotsch^{h}chari miß	Hammelfleisch
nërp^{h}jerschik	Würstchen
jerschik	Wurst
dsuk^{h}	Fisch
haw	Hähnchen
chosi miß	Schweinefleisch
pahazoner	Konserven

Südfrüchte

armaw	Dattel
banan	Banane
t^{h}us	Feige
nusch	Mandel
nurr	Granatapfel
mandarin	Mandarine
limon	Zitrone
narindsch	Apfelsine
grejpfrut	Grapefruit
dsmeruk	Wassermelone
ßER	Melone
arewazaRik	Sonnenblumenkern
tsch^{h}amitsch^{h}	Rosine
pißtak	Pistazie
chaROR	Trauben

Getränke

mrk^{h}i hjut^{h}	Fruchtsaft
t^{h}ej	Tee
garedschur	Bier
ßurtsch	Kaffee
ORi	Schnaps
kat^{h}	Milch
konjak	Cognac / Weinbrand
likjor	Likör
t^{h}an	Buttermilch
dschur	Wasser

hank^{h}ajin dschur	Mineralwasser
analkohol ëmpelik^{h}	Erfrischungsgetränk

Weine

gini	Wein
k^{h}arzr gini	Süßwein
darrë gini / wotsch^{h} k^{h}arzr gini	trockener Wein
ßpitak gini	Weißwein
karmir gini	Rotwein
ßerani gini	Tafelwein
deßertajin gini	Dessertwein
schampajn	Champagner

Armenier trinken ziemlich viel und besonders gern, buchstäblich zu jeder Tageszeit, aber nur wenn es einen Anlass dazu gibt und wenn man gerade Gäste hat. Es wird Ihren Gastgebern merkwürdig vorkommen, wenn Sie sagen, dass Sie keinen Alkohol trinken. Trotzdem ist dieser Satz einen Versuch wert:

շնորհակալություն, բայց ես
ընդհանրապես ալկոհոլ չեմ օգտագործում
Schnorhakalut^{h}jun, bajz jeß ëndhanrapeß alkohol tsch^{h}em ogtagorzum.
Dank, aber ich überhaupt
Alkohol nicht-bin Gebrauchen-beim
Danke, aber ich trinke
überhaupt keinen Alkohol.

Mit einem Smartphone können Sie sich die Sätze dieses Kapitels anhören.

hajkakan chohanoz: Die armenische Küche

Die Vorbereitung spielt eine große Rolle und nimmt viel Zeit in Anspruch. Armenier finden es selbstverständlich, lange in der Küche zu stehen. Während der Vorbereitung wird auch schon mal ein Kaffee getrunken.

Die armenische Küche ist ziemlich vielseitig in Ihrer Zubereitung und Zusammenstellung. Aufgrund der geographischen Lage des Landes ist die armenische Küche von vielen Seiten her beeinflusst. So findet man vieles aus der Küche der Mittelmeerländer auf dem armenischen Teller wieder, obwohl die Nationalküche selbst auch ziemlich viel Originelles aufweist und von Region zu Region ihre Unterschiede kennt. Sie ist im Allgemeinen nicht extrem im Geschmack, jedes Gericht hat ein gewisses Gleichgewicht.

Ohne Brot ist eine Mahlzeit unvollständig. Ohne Brot hat ein Armenier das Gefühl, nicht satt zu sein.

In vielen Gerichten wird neben Salz oder Pfeffer eine feste Zusammenstellung von grünen Kräutern (kanat^{h}schi) benutzt, die dem Gericht seinen speziellen Geschmack verleihen. Oft stellt man dazu auch eine Reihe ungekochter und grüner Kräuter zusammen mit verschiedenen Käsesorten auf den Tisch. Neben Fleischgerichten sind Gemüse (bandschareRen) und Obst (mirk^{h}) bei allen Armeniern sehr populär und finden sehr häufig Verwendung als Beilage zur Haupspeise oder zum Nachtisch. Hauptbestandteil jeder Mahlzeit ist jedoch immer Brot (haz). Typische Vorspeisen sind verschiedenartige Salate (aRzan/ßalat^{h}), Käse oder Wurstsorten mit Brot, hauptsächlich die armenischen Brotsorten lawasch (ein flaches und extrem dünnes Brot) oder matnak^{h}asch (mit den Fingern gezogen).

Zum Trinken gibt es meistens Wein, Schnaps (Wodka), Likör und Bier. Nichtalkoholische Getränke sind bei warmem Wetter vor allem klares Wasser, t^h^an (buttermilchartiges Getränk), Erfrischungsgetränke aus Amerika und Europa und viele Sorten Fruchtsaft (zum Beispiel Aprikosen-, Orangen- oder Himbeersaft). Starker, schwarzer Kaffee aus kleinen Tassen wird tagsüber mehrmals getrunken, mittlerweile wird auch viel schwarzer Tee oder Kräutertee getrunken, manchmal zu hausgemachten Konfitüren.

hajkakan kerakurner: Armenische Gerichte

խորոված **chorowaz**
Grillfleisch vom Spieß (Schaschlik)

Կարսի խորոված **karßi chorowaz**
Schoarma-Fleischstreifen

խաշլամա **chaschlama**
gedünstete Rind- oder Hammelfleischstücke, Zwiebeln und K^h^anat^h^schi, dazu manchmal gekochte Kartoffeln

խաշ **chasch**
Suppe aus Rinderfüßen und Rindermagen, mit viel Knoblauch

բոզբաշ **bosbasch**
Rindfleischsuppe mit reichlich Gemüse

կոլոլիկ **kololik**
herzhafte Suppe mit Fleischklößchen, Reis, Estragon und geschlagenem Ei

բադրիջանի խավիար **badridschani chawiar**
Paste aus gegrillten Auberginen

տոլմա **tolma**
gerollte Weinblätter mit einer Füllung aus Hackfleisch, Reis und Khanathschi, dazu eine Joghurt- und Knoblauchsoße

բաստուրմայով ձվածեղ
baßturmajow dswadseR
Omelett mit trockenem, gepressten, gewürzten Schinken (Basthurma)

գաթա **gatha**
lockeres Teiggebäck mit leichter Füllung

ընկույզով կանաչ լոբի
ënkujsow kanatschh lobi
Brechbohnen mit Walnüssen und Kräutern

իշխան **ischchan**
Sewanforelle, auf verschiedene Arten zubereitet

թանապուր **thanapur**
Suppe von than, Weizen und Khanathschi

կարկանդակ **karkandak**
Teigrollen mit Hackfleisch-, Kartoffel- oder Leberfüllung

լցոնած տաքդեղ **lzonaz takhdeR**
Gefüllte Paprika

Im Restaurant / Café

Auswärts in einem Restaurant (rreßtoran) essen gehen ist für den durchschnittlichen Armenier zu teuer, deshalb isst und trinkt man hauptsächlich zu Hause mit Freunden. Anders liegt es beim Trinken. Vor allem in den warmen Sommermonaten sieht man viele Stadtbewohner durch die Straßen flanieren und danach in einem Café (kafe) etwas trinken. In den einfachen Cafés bekommt man in der Regel außer schwarzem Kaffee, manchmal auch Tee, Tan, Erfrischungsgetränke, Gebäck, Kuchen und Eis.

Ներեցեք, այս սեղանը / տեղը ազա՞տ է
Nerezekʰ, ajß ßeranë / terë asat e?
verzeiht(-ihr), dieser Tisch-der / Platz-der frei ist
Entschuldigung, ist dieser Tisch / Platz frei?

Մատուցող, խնդրեմ
Matuzor, chëntʰrem!
Kellner, bitte(-ich)
Bedienung!

Խնդրում ենք մենյուն բերեք
Chëntʰrum em menjun berekʰ.
Bitten-beim bin Speisekarte-die bringen(-Sie)
Wir möchten die Speisekarte haben.

Դուք ունե՞ք բուսական կերակուրներ
Dukʰ unekʰ bußakan kerakurner?
ihr habt vegetarische Gerichte
Haben Sie auch vegetarische Gerichte?

Ես ... կվերցնեմ
Jeß (...) këwerznem.
ich (...) werde-nehmen(-ich)
Ich werde (...) nehmen.

մեզ կարո՞ղ եք բերել մեկ շիշ …
Mes karoR ek^h berel mek schisch (…) ?
uns fähig seid(-ihr) bringen eine Flasche (…)
Können Sie uns eine Flasche (…) bringen?

մեզ կարո՞ղ եք բերել մեկ բաժակ սուրճ
Mes karoR ek^h berel mek bashak ßurtsch?
uns fähig seid(-ihr) bringen eine Tasse Kaffee
Können Sie uns eine Tasse Kaffee bringen?

սառույցով, խնդրում եմ
ßarrujzow, chënt^{h}rum em.
Eis-mit Bitten-beim bin
Bitte mit Eis.

կներեք, մեզ … չեք բերել
Kënerek^h, mes (…) tsch^{h}ek^h berel.
werden-verzeiht(-ihr), nicht-seid(-ihr) bringen
Uns fehlt (…)

կերակուրը սառն է
Kerakurë ßarrn e.
Essen-das kalt ist
Das Essen ist kalt.

բարի ախորժակ
Bari achorshak!
guten Appetit
Guten Appetit!

մի քիչ էլ … բերեք, խնդրում եմ
Mi k^{h}itsch^h el (…) berek^h, chënt^{h}rum em.
ein bisschen noch (…) bringt(-ihr), Bitten-beim bin
Bringen Sie bitte noch etwas (…)

շատ ընտիր էր
Schat ëntir er.
sehr vorzüglich war(-es)
Es war köstlich.

հաշիվը, խնդրեմ
Haschiwë, chënt^{h}rem.
Rechnung-die bitte
Zahlen, bitte.

Toilette und Hygiene

Es ist nicht leicht, in einer Großstadt wie Jerewan öffentliche Toiletten zu finden. Es gibt sehr wenige davon in der Stadt, oft sind sie auch sehr schmutzig und unhygienisch, Toilettenpapier fehlt im Allgemeinen.

Man kann jedoch in einigen Lokalen, aber auch in Restaurants Toiletten finden, die durchaus sauber gehalten werden und komfortabel ausgestattet sind.

Toiletten in Hotels sind in der Regel sauber und funktionstüchtig. Es empfiehlt sich jedoch, immer und überall Toilettenpapier mitzunehmen.

Ներեցեք, այստեղ զուգարան կա՞
Nerezek^h, ajßteR sugaran ka?
verzeiht(-ihr), hier Toilette gibt(-es)
Entschuldigung, gibt es hier Toiletten?

... էլ կա՞
(...) el ka?
(...) auch gibt(-es)
Ist auch (...) da?

sugarani t^{h}uRt^h	Toilettenpapier
asat	frei
aRbaman	Papierkorb
sbaRwaz	besetzt
otscharr	Seife
ßërp^{h}itsch^h	Handtuch
kananz	„Damen“
t^{h}Ramardkanz	„Herren“

Einkaufen

Einkaufen (arrjewtur/gnumner) kann man zu jeder Zeit und überall in Armenien. Große Kaufhäuser und Supermärkte wie im Westen Europas gibt es jedoch nur selten.

Für Medikamente (deRorajk^{h}ner) kann man wie überall in die Apotheke gehen, für allerlei Lebensmittel (ßnndamt^{h}erk^{h}ner), Spirituosen (alkoholajin chmit^{h}schk^{h}ner), Drogerieartikel, Zeitungen, Tabakwaren und sogar Bücher (grk^{h}er) ist man in vielen Fällen auf Straßenmärkte und Buden angewiesen, die man überall in den Städten und außerhalb finden kann. Hier findet der Konsument wirklich alles, was er sich wünschen kann. Für frische Lebensmittel muss man aber unbedingt zu den Märkten gehen, besonders den Zentralmarkt (p^{h}ak schuka) besuchen, hier gibt es alles für Feinschmecker.

Oft steht an der Ladenfront ganz schlicht, welche Artikel dort verkauft werden: „Fotos“, „Brot“, „Bücher“ usw. Wenn es Ihnen nicht gelingt, zu finden, was Sie suchen, so nennen Sie einfach den betreffenden Artikel (im 2. Fall) und fügen Sie das Wort chanut^h *hinzu. Vielleicht wird Ihnen diese Geschäftsliste nützlich sein.*

Geschäfte: chanutner

deRatun	Apotheke
hazi chanut^h	Bäckerei
grachanut^h	Buchhandlung
fot^{h}oaprank^{h}neri chanut^h	Fotoartikelgeschäft
woßkertsch^{h}akan	Juwelier
turißtakan bjuro	Reisebüro
geRarweßti ßrah	Kunstgewerbe
hruschakeRen	Konditorei

schuka	Markt
huschanwerner / ßuwenir	Reiseandenken
t^{h}ert^{h}i krpak	Zeitungshändler
hanrachanut^{h}	Kaufhaus

որտե՞ղ կարող եմ … գնել / առնել
WorteR kaRoR em (…) gnel / arrnel?
wo? fähig bin (…) kaufen / kaufen
Wo kann ich (…) kaufen?

ես … կուզենայի
jeß (…) kusenaji.
ich (…) möchte
Ich hätte gern (…)

medalion	Anhänger
loRasgeßt	Badeanzug
loRawartik^{h}	Badehose
krem	Creme
kananz higienik	Damenbinden
midschadir	
desodor	Deodorant
warritsch^{h}	Feuerzeug
schalwar	Hose
gritsch^{h}	Kugelschreiber
t^{h}uRt^{h}	Papier
zchamortschi t^{h}ut^{h}un	Pfeifentabak
ßpeRani	Pflaster
ßwiter	Pullover
uRezujz	Reiseführer
azeli	Rasierklinge
schampun	Shampoo
otscharr	Seife
arewi aknoz	Sonnenbrille
k^{h}artes	Stadtplan
tampon	Tampons

bambak	Watte
pamperß	Windeln
atamnak^{h}ßuk^{h}	Zahnpasta
parberagir, handeß	Zeitschrift
ßigaret	Zigaretten

… ունե՞ք
(…) unek^{h}?
(…) habt(-ihr)?
Haben Sie auch ein (…)?

urischë	Anderes
aweli eshanë	Billigeres
aweli lawë	Besseres
aweli mezë	Größeres
aweli p^{h}ok^{h}rë	Kleineres
aweli neRë	Engeres
aweli lajnë	Weiteres
aweli kartschë	Kürzeres
aweli jerkarë	Längeres

Man kann es ja immer mal versuchen:

զեղչումով կտայի՞ք
SeRtsch^{h}umow këtajik^{h}?
Rabatt-mit würdet-geben
Könnten Sie Rabatt geben?

oder: կարո՞ղ եք զեղչ տալ
KaroR ek^{h} seRtsch^{h} tal?
fähig seid Rabatt geben
Könnten Sie Rabatt geben?

լավ, սա կվերցնեմ
Law, ßa këwerznem.
gut, das werde-nehmen
Gut, das nehme ich.

ի՞նչ արժե
Intsch^{h} arshe?
was kostet
Was kostet es?

որքա՞ն արժե
Work^{h}an arshe?
wieviel kostet
Was kostet es?

կարո՞ղ եմ դոլլարով վճարել
Karor em dollarow wtscharel?
fähig bin Dollar-mit bezahlen
Kann ich mit Dollar zahlen?

Fotografieren

ինձ հարկավոր է …
Inds harkawor e (...).
mir notwendig ist (...)
Ich brauche ein / einen / eine (...)

martkozik / element	Batterien
fßp^{h}ischka* / fotolußabrrnkman ßark	Blitz
diapositiw	Dias
kar / lußankar	Foto
teßagrel	filmen
(foto)aparat	Fotoapparat
(lußa)nkarel	fotografieren
lußankar andsnagri hamar	Passbilder

* fßp^{h}ischka *ist Russisch für „Blitzapparat". Ins Armenische wird noch immer unglaublich viel Russisch hineingemischt (vor allem im Bereich der Technik und Medizin), so viel und oft, dass viele, oft ursprünglich armenischen Wörter fast außer Gebrauch geraten sind.*

կարո՞ղ եք այս ֆոտոժապավենը / պլյոնկան հայտածել
Karoʀ ekʰ ajß fotoshapawenë / pljonkan hajtazel?
fähig? seid(-ihr) diesen Film-der / Film-der entwickeln
Könnten Sie bitte diesen Film entwickeln?

ե՞րբ կարող եմ նկարները ստանալ
Jerpʰ karoʀ em lußankarnerë ßtanal?
wann? fähig bin Fotos-die bekommen
Wann soll ich die Fotos abholen?

կարո՞ղ եմ ձեզ նկարել
Karoʀ em dses lußankarel?
fähig? bin Sie fotografieren
Darf ich Sie fotografieren?

կարելի՞ է այստեղ նկարել
Kareli e ajßteʀ lußankarel?
möglich? ist hier fotografieren
Darf man hier fotografieren?

ներեցեք, մեզ կնկարեի՞ք
Nerezekʰ, mes kënëkarejikʰ?
verzeiht(-ihr), uns würden-fotografieren(-Sie)?
Würden Sie bitte ein Foto von uns machen?

Կարո՞ղ եմ այստեղ նաև տպել
Kʰaror em ajßtʰeʀ najew tʰpʰel?
fähig? bin hier auch drucken
Kann ich hier auch ausdrucken?

Polizei, Behörden

ինձ կողոպտել են
Inds koRoptel en.
mich bestohlen sind(-sie)
Ich wurde bestohlen.

իմ ... գողացել են
Im (...) goRazel en.
mein (...) gestohlen sind(-sie)
Mein/e (...) ist / sind weg.

ես կորցրել եմ իմ ...
Jeß korzrel em im (...).
ich verloren bin mein / meine / meinen (...)
Ich habe mein / meine / meinen (...) verloren.

խնդրում եմ զանգահարեք գերմանական դեսպանություն
Chënt^{h}rum em sangaharek^{h} germanakan deßpanut^{h}jun.
Bitten-beim bin anrufen(-Sie) deutsche Botschaft
Rufen Sie bitte die deutsche Botschaft an.

խնդրում եմ զանգահարեք ֆրանսիական դեսպանություն
Chënt^{h}rum em sangaharek^{h} franßiakan deßpanut^{h}jun.
Bitten-beim bin anrufen(-Sie) französische Botschaft
Rufen Sie bitte die französische Botschaft an.

ես կուզենայի իմ վիզան երկարացնել
Jeß kusenaji im wisan jerkaraznel.
ich möchte(-ich) mein Visum-das verlängern
Ich möchte mein Visum verlängern.

OVIR heißt das Registrierungsamt für Visa, bei dem man unter bestimmten Bedingungen sein Einreisevisum verlängern kann.

Polizei, Behörden

goRut^{h}jun	Diebstahl
fotoaparatë	Fotoapparat
p^{h}oRë / dramë	Geld
dserk^{h}i pajußakë	Handtasche
p^{h}aßtat^{h}Rt^{h}erë	Papiere
milizia / woßtikanut^{h}jun	Polizei
woßtikan	Polizist
andsnagirë	Reisepass
woßkeRenë	Schmuck
goRanal	stehlen
korznel	verlieren
wisa	Visum

Foto: G.Pardelli

Post, Telefon, Internet

ներեցեք, գլխավոր փոստատունը որտե՞ղ է
Nerezek^{h}, glchawor p^{h}oßtatunë worteR e?
verzeiht(-ihr), Haupt- Postamt-das wo? ist
Können Sie mir bitte sagen, wo das Hauptpostamt ist?

կուզենայի այս նամակը ուղարկել …
Kusenaji ajß namakë uRarkel (...).
möchte(-ich) diesen Brief-der schicken (...)
Ich möchte diesen Brief nach (...) schicken.

կուզենայի այս այս բացիկը ուղարկել …
Kusenaji ajß bazikë uRarkel (...).
möchte(-ich) diese Ansichtskarte-die schicken (...)
Ich möchte diese Karte nach (...) schicken.

կարո՞ղ եմ այստեղից ֆաքս ուղարկել …
KaroR em ajßteRiz fak^{h}ß uRarkel (...).
fähig bin hier-von Telefax schicken (...)
Kann ich hier ein Telefax nach (...) schicken?

Germania	Deutschland
Schwejzaria	in die Schweiz
Awßtria	Österreich
Holandia	in die Niederlande
Belgia	Belgien
pat^{h}wirwaz	per Einschreiben
odajin p^{h}oßtow	mit Luftpost
ekßpreß	per Express

Ինչքա՞ն կտևի
Intsch^{h}k^{h}an këtewi?
wieviel? wird-dauern-es
Wie lange dauert das?

haßze	Adresse
tpagrakan njut^{h}er	Drucksache
lraznel	ausfüllen
zanroz	Päckchen
namakanisch	Briefmarke
zrar	Umschlag

Telefonieren und digitale Kommunikation

Nachdem Handys und Smartphones überall im Vormarsch sind, haben sich auch die Armenier (technisch) umrüsten müssen. Mittlerweile hat fast jeder Armenier ein Handy bzw. Smartphone, wahrscheinlich mehr als in westlichen Ländern. Auch die Älteren können sehr gut damit umgehen, Nachrichten verschicken und per Skype ihre Verwandten überall in der Welt kontaktieren.

Telefonzellen und Münzfernsprecher sind für Auslandsgespräche ungeeignet und funktionieren sowieso oft gar nicht.

Telefonieren kann man auch vom Fernsprechamt aus (beim Hauptpostamt). Man gibt die Nummer an, die man wählen möchte, wird verbunden und kann von der Kabine aus sein Gespräch führen.

կուզենայի արտասահման զանգել / քաղաքում զանգել
Kusenaji artaßahman sangel / kʰaʀakʰum sangel.
möchte(-ich) Ausland anrufen / Stadt-bei anrufen
Ich möchte ein Auslandsgespräch / ein Ortsgespräch führen.

հեռախոսի համարն է…
Herrachoßi hamarn e (...).
Telefons-des Nummer-die ist (...)
Die Telefonnummer lautet ...

րոպեն որքա՞ն արժե
Ropen workan arshe?
Minuten-die wieviel? kostet(-es)
Was kostet die Minute?

ալո, ներեցեք, կարելի՞ է պարոն Խաչատրյանի հետ խոսել
Alo, nerezekʰ, kareli e paron Chatschʰatrjani het choßel?
hallo verzeiht(-ihr), möglich ist Herrn Chatschatrjan-sein mit sprechen
Hallo, dürfte ich bitte Herrn Chatschatrjan sprechen?

զբաղված է
Sbaʀwaz e.
besetzt ist
Es ist besetzt.

պատասխան չկա
Pataßchan tschʰëka.
Antwort nicht-gibt
Es meldet sich niemand.

հեռախոս	**herrachoß**	Telefon
կոդ	**kod**	Vorwahl
բջջային հեռախոս	**bdschdschajin herrachoß (sotovij*)**	Handy
զանգահարել	**sangaharel**	telefonieren
քարտը	**kʰartʰë**	Karte
վերալիցքավորել	**weralizkʰaworel**	aufladen
բջջային հեռախոսը լիցքավորել	**bdschdschajin herrachoß lizkʰaworel / sotovij* lizkʰaworel**	Handy aufladen

Post, Telefon, Internet

Որտե՞ղ կարող եմ գնել կանխավճարային
քարտ առանց բ—ային հեռախոսի
Wort^{h}er k^{h}aror em gnel weralizk^{h}aworman k^{h}art^{h} arranz herrachoßi?
wo? fähig bin kaufen Guthaben Karte ohne Telefon
Wo kann ich eine Prepaid-Karte ohne Handy kaufen?

Որտե՞ղ և ինչպե՞ս կարող եմ գնել վերալիցքավորման քարտ
Wort^{h}er ew intsch^{h}p^{h}eß k^{h}aror em gnel weralizk^{h}aworman k^{h}art^{h}?
wo und wie fähig bin kaufen Guthaben Karte
Wo und wie kann ich mein Guthaben wieder aufladen?

Դու բ—ային հեռախոս ունե՞ս
Du bdschdschajin herraroß (sot^{h}ovij*) uneß?
du mobil Telefon hast?
Hast du ein Handy?

Ո՞րն է քո հեռախոսի համարը
Intsch^{h}p^{h}eß e k^{h}o hamarë?
wie ist deine Nummer-die
Welche Nummer hast du?

Ո՞րն է Ձեր հեռախոսի համարը
Intsch^{h}p^{h}eß e dzer hamarë?
wie? ist eure Nummer-die
Welche Nummer haben Sie?

Ո՞րն է Ձեր էլեկտրոնային փոստի հասցեն
Worn dzer elek^{h}t^{h}ronajin p^{h}oßt^{h}i haszen?
welche ist eure elektronisch Post Adresse
Welche Email-Adresse haben Sie?

„E-Mail" heißt korrekt „elektronische Post", umgangssprachlich aber auch majl.

Worn e k^{h}o majli haszen?
welche ist deine / eure Mail Adresse
Welche Email-Adresse hast du?

Ի՞նչ արժե **30/60** րոպե ինտերնետը
Intsch^{h} arshe 30/60 rop^{h}e int^{h}ernet^{h}ë
Was kosten 30/60 Minuten Internet?

Ուզում եմ էլեկտրոնային փոստի նամակները նայել
Usum em elek^{h}t^{h}ronajin p^{h}oßt^{h}i namak^{h}nerë najel.
Wollen-beim bin elektronisch Post Briefe-die ansehen
Ich möchte meine Emails abrufen.

Կարո՞ղ եք ինձ օգնել գրանցվել
K^{h}aroR ek^h inds ognel granzwel?
fähig? seid mir helfen anmelden
Können Sie mir bei der Anmeldung helfen?

Կարո՞ղ եմ այստեղ նաև տպել
K^{h}aror em ajßt^{h}eR najew t^{h}p^{h}el?
fähig? bin hier auch drucken
Kann ich hier auch ausdrucken?

Համակարգիչը կախվել է, կարո՞ղ եք ինձ օգնել
Hamargitsch^h k^{h}achwel e, k^{h}aroR ek^h inds ognel
Rechner abgestürzt ist fähig? seid mir helfen
Der Computer ist abgestürzt, können Sie mir helfen?

Դուք անվճար **W-LAN (WI-FI)** ունե՞ք
Duk^h anvtschar W-LAN (WI-FI) unek^h?
Haben Sie kostenloses W-Lan (Wi-FI)?

Ինչպե՞ս կարող եմ մտնել համացանց
Intsch^{h}p^{h}eß k^{h}aroR em mt^{h}nel hamazanz?
Wie kann ich mich einloggen?

Ի՞նչ է գաղտնաբառը
Intsch^h e gaRt^{h}nabarrë?
wie ist Passwort
Wie lautet das Passwort?

մուտքաբառ	**mut^{h}k^{h}abarr**	Passwort
ստեղնաշար	**ßt^{h}eRnaschar**	Tastatur
լազերային տպիչ	**laserajin t^{h}pitsch^{h}**	Laserdrucker
օգտատեր	**ogt^{h}at^{h}er**	Benutzer
մոնիտոր	**monit^{h}or**	Monitor
մկնիկ	**mknik**	Maus
ֆլեշ, հիշասարք	**flesch, hischaßark^{h}**	Stick

Bank und Geld

Zur Zeit gibt es hier und da immer wieder Neugründungen von Banken, an die man sich für einfache Transaktionen wenden kann, wie Wechseltransaktionen, Geldüberweisungen ins Ausland usw.

Geld wechseln kann man überall in den größeren Städten, am besten in den vielen Wechselstuben (zu erkennen an den Schildern, oft mit Notierung der Wechselkurse).

Vor einigen Jahren wurde eine neue Währung, der Dram, für das unabhängige Armenien eingeführt.

Münzen (lumas) wurden schon seit langer Zeit aus dem Umlauf gezogen. Sowie in Jerewan, als auch in anderen Teilen Armeniens und anderen ehemaligen Sowjetrepubliken ist die immer gegenwärtige Macht des Dollars zu spüren.

Fast alle Geldangelegenheiten kann man auch mit Dollars regeln, die gerne angenommen werden. Schecks und Kreditkarten sind keine übliche Erscheinung, ebenso wie Geldautomaten, deren Zahl noch relativ niedrig ist und bei denen man nur mit den allerbekanntesten Kreditkarten Geld abheben kann.

Einige Währungen

dram	Dram
rrubli	Rubel
amerikjan dollar	US-Dollar
schwejzarakan frank	Schweizer Franken
ewro	Euro

Geldangelegenheiten

Ներեցեք, այստեղ բանկ որտե՞ղ կա:
Nerezek^{h}, ajßteR bankworteR ka?
verzeiht hier Bank wo gibt
Wo ist hier bitte eine Bank?

Ներեցեք, այստեղ տարադրամի փոխանակման կրպակ որտե՞ղ կա
nerezek^{h}, ajßteR taradrami p^{h}ochanakman krpak worteR ka?
verzeiht hier Fremdgeldes-des Wechsels-des Stube wo? gibt
Wo ist hier bitte eine Wechselstube?

Bank und Geld

ե՞րբ են բանկի աշխատանքի ժամերը:
Jerp en banki aschchatank^{h}i shamerë?
wann sind Bank-der Arbeit-der Stunden-die
Wann ist die Bank geöffnet?

Ինչպիսի՞ն են վալուտային ընթացագները:
Intsch^{h}pißin en walutajin ënt^{h}azagnerë?
wie sind Devise-der Wechselpreise-die
Wie ist der Wechselkurs?

Ես կուզենայի դրամի փոխանակել 100 ամերիկյան դոլլար:
Jeß kusenaji drami p^{h}ochanakel 100 amerikjan dollar.
ich möchte Dram-des wechseln 100 amerikanische Dollar
Ich möchte 100 US-Dollar in Dram umwechseln.

bank	Bank
t^{h}Rt^{h}adram	Banknote
kanchik dram	Bargeld
gumar	Betrag, Geldsumme
taradram	Devisen
dram/p^{h}OR	Geld
bank^{h}omat	Geldautomat
dramarkR	Kassa
apahowagrut^{h}jun	Versicherung
waljuta	Währung
p^{h}ochanakel	wechseln
waljutajin ënt^{h}azagin taradrami	Wechselkurs
p^{h}ochanakman krpak	Wechselstube
wtscharum	Zahlung
tokoßner	Zinsen

Krank sein

In Armenien sollte man, wenn man ernsthaft krank ist, den Notdienst anrufen und sich ins Krankenhaus fahren lassen, denn ein Hausärztesystem mit unabhängig praktizierenden Ärzten gibt es nicht. Fast alle Ärzte sind in Krankenhäusern tätig. Wenn Sie sich im Hotel befinden, benachrichtigen Sie den Hotelarzt. Es ist aber auch durchaus möglich, dass Sie irgendwo zu Gast sind und man zufälligerweise einen guten Arzt kennt und dann diesen kommen lässt.

խնդրում եմ բժիշկ կանչեք
Chënt^{h}rum em bshischk kantsch^{h}ek^{h}!
Bitten-beim bin Arzt ruft(-ihr)
Rufen Sie bitte einen Arzt!

խնդրում եմ շտապօգնություն կանչեք
Chënt^{h}rum em schtapognut^{h}jun kantsch^{h}ek^{h}!
Bitten-beim bin Krankenwagen ruft(-ihr)
Rufen Sie bitte einen Krankenwagen!

ինձ վատ եմ զգում
Inds wat em sgum.
mir schlecht bin Fühlen-beim
Ich fühle mich nicht wohl.

ինձ հիվանդ եմ զգում
Inds hiwand em sgum.
mir krank bin Fühlen-beim
Ich fühle mich krank.

ջերմություն ունեմ
Dschermut^{h}jun unem.
Fieber habe
Ich habe Fieber.

փորկապություն ունեմ
P^{h}orkaput^{h}jun unem.
Verstopfung habe
Ich habe Verstopfung.

փորլուծություն ունեմ
P^{h}orluzut^{h}jun unem.
Durchfall habe
Ich habe Durchfall.

գլխապտույտներ ունեմ
Gichaptujtner unem.
Schwindelanfälle habe
Mir ist schwindlig.

այստեղը ցավում է
AjßteRë zawum e.
hier-das Wehtun-beim ist
Hier tut es weh.

բարձր արյան ճնշում ունեմ
Bardsr arjan tschënschum unem.
hohen Bluts-des Druck habe
Ich habe einen hohen Blutdruck.

ցածր արյան ճնշում ունեմ
Zazr arjan tschënschum unem.
niedrigen Bluts-des Druck habe
Ich habe einen niedrigen Blutdruck.

ես շաքարախտով հիվանդ եմ
Jeß schak^{h}arachtow hiwand em.
ich Diabetes-mit krank bin
Ich bin Diabetiker.

ես հղի եմ
Jeß hRi em.
ich schwanger bin
Ich bin schwanger.

հիվանդանոց գնալու անհրաժեշտություն կա՞
Hiwandanoz gnalu anhrasheschtut^{h}jun ka?
Krankenhaus Gehens-des Notwendigkeit gibt(-es)
Muss ich ins Krankenhaus?

ինչպե՞ս պետք է օգտագործեմ դեղերը
Intsch^{h}peß petk^{h} e ogtagorzem deRerë?
wie? nötig ist gebrauche Medikamente-die
Wie muss ich die Medikamente gebrauchen?

Ներեցեք, ամենամոտիկ դեղատունը որտե՞ղ է
Nerezek^h, amenamotik deRatunë worteR e?
verzeiht(-ihr) nächste Apotheke-die wo? ist
Wo ist bitte die nächste Apotheke?

... դեղ ունե՞ք
(...) deR unek^h?
(...) Medikament habt?
Haben Sie etwas gegen (...)

ինձ հարկավոր է ... դեղ
Inds harkawor e (...) deR.
mir notwendig ist (...-des) Medikament
Ich brauche etwas gegen (...)

mrßazut^{h}jan*	Erkältung
gripi	Grippe
glchazawi	Kopfschmerzen
zawi	Schmerzen
migreni	Migräne
ßtamok^{h}ßazawi	Magenschmerzen
kokordazawi	Halsschmerzen
hasi	Husten

... ունե՞ք
(...) unek^h?
(...) habt?
Ich brauche (...). / Haben Sie (...)?

luzoRakan	Abführmittel
hakabiotik	Antibiotikum
hangßtaznoR deRamidschoz	Beruhigungsmittel

jod	Jod
deRer / deRamidschozner / deRorajk^h	Medikamente
ßpeRaniner	Pflaster
kondom / preserwatiw	Präservative
k^{h}ßuk^h	Salbe
k^{h}naberner	Schlaftabletten
bambak	Watte
momikner / ßupositoriumner	Zäpfchen

aknabujsh	Augenarzt
maßnaget	Facharzt
kanazi bshischk	Frauenarzt
mankabujsh	Kinderarzt
atamnabujsh	Zahnarzt

alergia (...) handep	allergisch gegen (...)
hiwand	krank
hangßtanal	ausruhen
ßënëndajin t^{h}unaworum	Lebensmittel-vergiftung
diagnos	Diagnose
daschtan	Menstruation
dieta	Diät
uteluz heto	nach dem Essen
ëndunel	einnehmen
koRmnaki rreakzianer	Nebenwirkungen
wtangawor	gefährlich

p^hßchel / het tal	sich erbrechen
arrorDschut^hjun	Gesundheit
k^hnnel	untersuchen
infekzia	Infektion
uteluz arradsch	vor dem Essen

kotrwaz	gebrochen
ënkel	gefallen
urraz	geschwollen
wiraworwaz	verletzt
wolorwaz	verstaucht

Beim Zahnarzt

ատամս ցավում է
Atamß zawum e.
Zahn-mein Schmerzen-beim ist
Ich habe Zahnschmerzen.

ansgajaznel	betäuben
plomb	Füllung
plombel	plombieren
protes	Prothese
lind	Zahnfleisch
zak atam	Zahnloch
herraznel	ziehen

Körperteile

t^hew	Arm
atsch^hk^h	Auge
p^hor	Bauch

wotk^h	Bein
kurzk^h	Brust
aRik^h	Darm
dswaran	Eierstock
argandap^{h}OR	Eileiter
mat	Finger
wotk^h / t^{h}at^h	Fuß
argand	Gebärmutter
ßerrakan organner	Geschlechtsorgane
dserrk^h	Hand
misapark	Harnblase
ßirt	Herz
kokord	Kehle
liard	Leber
t^{h}ok^h	Lunge
ßtamok^{h}ß	Magen
beran	Mund
mkan	Muskel
k^{h}it^h	Nase
jerikam	Niere
akandsch	Ohr
medschk^h	Rücken

Schimpfen und Fluchen

Armenier sind sehr erfinderisch und ausdrucksvoll, was Schimpfen und Fluchen anbelangt und können in gewissen ärgerlichen Situationen eine sehr wirkungsvolle Sprache verwenden. Es wird einem jedoch sehr übel genommen, wenn man selbst derartige Wörter verwendet und in Schimpfkanonaden ausbricht.

Man sollte diese Schimpfwörter wirklich nicht verwenden, da sie in allen Situationen in hohem Maße beleidigend sein können!

anaßun	Drecksau
apusch	Trottel
awanak	Esel
bos	Hure
bosiwaßtak	Hurensohn
bosaraz	Hurenbock
chelarr	Verrückter, Bekloppter
chos	Schwein
chushan	Lump, Saukerl
gomik	Homo
himar	Narr
himari gluch	Dummkopf
kapik	Affe
k^{h}awt^{h}arr / whuk	alte Hexe
rramik	Gesindel
schan wordi	Arschloch
tsch^{h}at^{h}lach	Schlampe
anizwaz	verflucht(e, er, es) (...)
zentr	(affen)geil
t^{h}ujn	toll / affengeil

Zentr t^{h}Ra eß, ape!
geiler Typ bist Bruder
Du bist ein geiler Typ, Alter!

Eß intsch^{h} t^{h}ujn awt^{h}o a, ara!*
das was? giftiges Auto ist Mann
Ist das aber eine geile Karre, Mann!

In der Umgangssprache sagt man eß statt ajß und Verben ändern sich oft im Klang: statt e sagt man zum Beispiel a.

ßuß kaz!	Halt's Maul!
paho! / pah!	Oje!
gluchë k^{h}arë! / t^{h}oR kortsch^{h}i!	Er kann sich zum Teufel scheren!
gna groRi zozë!	Scher dich zum Teufel! / Zieh Leine!
groR!	Verdammt! Scheiße!
groRë k^{h}es tani!	Zum Teufel mit dir!
gshwel eß?	Du spinnst wohl!
hagißt t^{h}oR (inds)!	Lass mich in Ruhe!
(gna) korir!	Verschwinde!
ßatanan tani!	Verdammt noch mal!

Wenn der andere noch immer nicht hören will:

ßik^{h}tir!	Verpiss dich! / Leck mich am Arsch!

Nichts verstanden? – Weiterlernen!

Haßkanum ek^h?
Verstehen-beim? seid
Verstehen Sie?

Ajo, haßkanum em (dses).
ja Verstehen-beim bin (euch)
Ja, ich verstehe (Sie).

Wotsch^h, tsch^{h}em haßkanum (dses).
nein nicht-bin Verstehen-beim (euch)
Nein, ich verstehe (Sie) nicht.

Chënt^{h}rum em dandaR choßezek^h.
Bitten-beim bin langsam sprecht(-ihr)
Sprechen Sie bitte etwas langsamer.

Hima haßkaza.
jetzt ich-verstand
Jetzt habe ich verstanden.

Intsch^{h}peß?
wie?
Wie bitte?

Hajeren (...) -in intsch^h en aßum?
Armenisch ...-zu was? seid(-ihr) Sagen-beim
Wie sagt man ... auf Armenisch?

Duk^h germaneren choßum ek^h?
ihr Deutsch Sprechen-beim? seid
Sprechen Sie Deutsch?

ßa intsch^h e nëschanakum?
das was? ist Bedeuten-beim
Was bedeutet das?

Literaturhinweise

Die hier genannten Bücher und Schriften sind nivcht über den Reise Know-How Verlag erhältlich. Bitte wenden Sie sich an Ihre Buchhandlung oder eine Bibliothek.

Land und Leute

Tessa Hofmann:
Die Armenier. Schicksal, Kultur, Geschichte.
DA Verlag Das Andere GmbH,
Nürnberg, 1993
ISBN 978-3922619253
(enthält eine lange Literaturliste)

Tessa Hofmann (Hg.):
Annäherung an Armenien: Geschichte und Gegenwart
Beck'sche Reihe, 2006
ISBN 978-3406541360

Erich Reinhart, Jasmine Dum-Tragut (Hg.):
... aber unvergänglich sind wir wie unsere Berge – Armenien.
Graz, Wien, 1997. Im Eigenverlag
der Pfarrei Graz-Kalvarienberg.
Kalvarienbergstraße 155, A-8020 Graz.

Adriano Alpago Novello (u. a.):
Die Armenier. Brücke zwischen Abendland und Orient.
Stuttgart, Zürich: Belser, 1986
978-3763017386

Sprache und Lehrbücher

Margret Eggenstein-Harutunian:
Lehrbuch der armenischen Sprache.
Helmut Buske Verlag, Hamburg
ISBN 978-3875484953
(das beste Lehrbuch für die armenische Sprache auf dem deutschsprachigen Markt)

Grazer Linguistische Monographie 13.
Die armenische Sprache in der europäischen Diaspora.
Herausgegeben von
Jasmine Dum-Tragut. Graz, 1997.

Wörterbücher

Diana Aroutunian and Susanna Aroutunian:
Armenian-English / English-Armenian.
Hippocrene Concise Dictionary.
Hippocrene Books, New York, 1993.
(kurz und konkret, etwa 9.000 Wörter)

Armenian (Eastern) – English Dictionary,
compiled by Louisa Baghdasarian and R. David Zorc.
Dunwoody Press, Kensington, Maryland, USA, 1995.

Notizen

Wörterliste Deutsch – Armenisch

A

Abend jereko
Abendessen ënt^{h}rik^h
aber bajz^h
abfliegen meknel, t^{h}rrtsch^{h}el
abreisen meknel
Adresse haßz^{h}e
Alkohol alkohol
allein menak
alles amen intsch^h
als (zeitl.) jerp
als (Vergleich) k^{h}an
alt (nicht jung) zer
alt (nicht neu) hin
Alte(r) haßakawor mard / h. kin
Alter (Lebens-) tarik^h
Andenken hischatak
anfangen ßkßel
Angestellte(r) zarrajoR, aschchatoR
Angst wach
anhalten kangnel, kang arrnel
ankommen shamanel
Ankunft shamanum
Antwort pataßchan
antworten pataßchanel
Apotheke deRatun
arbeiten aschchatel
Arbeiter(in) aschchatoR / aschchatoRuhi
arm aRk^{h}at
Armenien Hajaßtan
Armenier(in) haj, hajuhi
armenisch hajkakan
armenisch (Sprache) hajeren
Arzt bshischk
auch nujnpeß, najew
auf wra
Aufenthalt kazutjun
aufhören dadarel
aufstehen wer kenal
aufwachen art^{h}nanal
aus -iz^h
Ausfuhr artahanum
Ausgang jelk^h
ausgezeichnet hojakap, gerasanz^h
Auskunft teRekut^{h}jun
Ausland artaßahman
Ausländer artaßahmanz^{h}i
ausländisch artaßahmanjan
Aussprache artaßanut^{h}jun
aussteigen idschnel
Ausstellung z^{h}uz^{h}ahandeß
Ausweis andsnatuRt
ausziehen (Kleidung) hanel
Auto awto, mek^{h}ena
Autowerkstatt garash

B

Badeanzug loRasgeßt
Badehose loRawartik^h
baden loRal
Badezimmer loRaßenjak, baRnik^h
Bahnhof jerkat^{h}URajin kajaran
bald schutow
Bank (Geld) bank
Bargeld kanchik poR
Batterie martkoz^h, element
bauen karruz^{h}el, schinel
Bauer gjuRazi
Baum zarr
beeilen, sich schtapel
beenden awartel
begleiten URekz^{h}el

begrüßen woRdschunel
behandeln (Krankh.) bushel
Behörde zarrajut^{h}jun, himnark
bei mot
Beispiel orinak
bekanntmachen, sich nerkajanal
beleidigen wiraworel
benachrichtigen teRekaz^{h}nel
Benzin bensin
Berg ßar
Beruf maßnagitut^{h}jun
berühmt hajtni
beschweren, sich boRok^{h}el
besichtigen ajz^{h}elel
Besitzer ßepakanater
besser aweli law
bestellen patwirel
Bestellung pat^{h}wer
bestrafen patshel
Besuch ajz^{h}elut^{h}jun
besuchen ajz^{h}elel
betrügen chapel
betrunken harpaz
Bett mahtschakal
Bettzeug ankoRni ßpit^{h}ak^{h}eRen
bevor nachk^{h}an, mintsch^{h}ew
Beweis apaz^{h}ujz^h
bezahlen wtscharel
Bier garedschur
Bild nkar
billig eshan
Binde bint
bis mintsch^{h}ew
bisschen mi k^{h}itsch^h
Bitte chënt^{h}rank^h
bitten chënt^{h}rel
Blatt t^{h}ert^h
bleiben mnal
Bleistift matit
Blockade blokada
Blume zaRik
Boot naw
Botschaft (dipl.) deßpanatun
Brand krak
Brauch ßoworut^{h}jun
brauchen harkawor linel, petk^h linel
breit lajn
brennen ajrwel, warrwel
Brief namak
Briefmarke namakanisch
Briefumschlag zrar
Brille aknoz^h
bringen (hin-) tanel
bringen (her-) berel
Brot haz^h
Brücke kamurdsch
Bruder jeRpajr
Brust (weibl.) kurz^{h}k^h
Brust(korb) krz^{h}k^{h}awandak
Buch girk^h
buchen patwirel, werapahel
Buchstabe tarr
bunt gunawor
Burg amroz^h
Bürger (Staats-) k^{h}aRak^{h}az^{h}i
Büro graßenjak
Bus awtobuß

C

Chauffeur warord
Chefkoch (Rest.) awak^h choharar

D

da k^{h}ani wor
Dach ktur
damit dranow
danach heto

danke schnorhakalut^{h}jun
danken schnorhakalut^{h}jun hajtnel
dann heto, apa
darum dra hamar
dass wor
Datum t^{h}wakan, amßat^{h}iw
dauern tewel
Decke (Bett) wermak
dein/e k^{h}o
denken mtazel
Denkmal huschardsan
deshalb dra hamar, ajd patscharrow
Deutsch (Sprache) germaneren
deutsch germanakan
Deutsche(r) germanuhi (germanazi)
Deutschland Germania
Dialekt barbarr
dick haßt
Diebstahl goRut^{h}jun
diese(r, s) ajß, ßa
Ding ir, ban, arrarka
Diskothek dißkoteka
Dokument(e) paßtat^{h}URt^{h} (paßtat^{h}Rt^{h}er)
Dolmetscher t^{h}argmanitsch^{h}
Dorf gjuR
dort ajnteR
dorthin ajnteR
dringend schtap
du du
dumm but^{h}, himar
dunkel mut^{h}
dunkel (Farbe) mug
dünn barak
durch (hindurch) midschow
Durchfall porluzut^{h}jun
dürfen karenal, t^{h}ujltwut^{h}jun unenal
Durst (haben) zaraw (linel)

E

echt ißkakan
Ehefrau kin
Ehemann amußin
Ehepaar amußinner
Ei dsu
Eigentum ßepakanut^{h}jun
einander mimjanz^{h}
Einbruchsdiebstahl goRutjun mutk gorzelow
einfach haßarak, pars wotsch^{h} bard
Einfuhr nermuzum
Eingang mutk^{h}
einige mi k^{h}ani
einladen hrawirel
Einladung hrawer
einmal mi angam
einsteigen nëßtel, bardsranal
eintreten nerß mtnel
einverstanden schat bari, jeRaw
einverstanden (sein) hamadsajn linel
Einwohner bnakitsch^{h}
Eis (Speise-) paRpaRak
Eisenbahn jerkat^{h}URi
Eiter t^{h}arach
Eltern znoRner
empfangen ßtanal
empfehlen chorhurd tal
Ende werdsch
eng neR
England Anglia
Englisch (Sprache) angleren
Enkel(in) t^{h}orrnik
entscheiden woroschel
entschuldigen, sich neroRut^{h}jun chënt^{h}rel
er na

Erdbeben jerkrascharsh
Erde jerkir, jerkragund
Ereignis depk^h
Erfolg hadschoRut^{h}jun
erhalten ßtanal, dserrk^h berel
erholen, sich hangßtanal
erinnern, sich hischel
erkältet sein mrßaz linel
erklären baz^{h}atrel
erlauben t^{h}ujl tal
Erlaubnis t^{h}ujltwut^{h}jun
Ermäßigung seRtsch^{h}um
erzählen patmel
essen utel
Etage hark
etwa motaworapeß
etwas mi k^{h}itsch^h
euer/e dser

F

Fabrik gorzaran
Faden t^{h}el
fahren k^{h}schel, warel
Fahrkarte tomß
Fahrpreis tomßi arshek^h
Fahrrad hezaniw
Fahrzeug pochadramidschoz^h
falsch ßchal
Familie ëntanik^h
Familienname asganun
Farbe gujn
faul (träge) zujl
faul (Obst) ptaz, ptsch^{h}az^{h}az
Fehler ßchal
Feier tonakatarum
feiern tonel
feilschen ßakarkel (gni maßin)
Feld dascht
Fenster patuhan
Ferien ardsakurdner
fern herru
Fernsehgerät herrußtaz^{h}ujz^h
fertig pat^{h}raßt
fest pind
Fest ton
feucht chonaw
Feuer krak
Fieber dschermut^{h}jun
Film film
finden gtnel
Finger mat
Fisch dsuk
Flasche schisch
Fleisch miß
fleißig aschchataßer
fliegen t^{h}rrtsch^{h}el
flirten flirtow sbaRwel
Flughafen odanawakajan
Flugticket ink^{h}nat^{h}irri tomß
Flugzeug ink^{h}nat^{h}irr, odanaw
Fluss get
Folklore folklor
Formular blank, anketa
Fotoapparat (lußankartsch^{h}akan) aparat
Fotografie lußankar
fotografieren lußankarel
Frage harz^h
fragen harz^{h}nel
Frau kin
Fräulein oriord
frei asat
fremd otar
freuen, sich urachanal
Freund(in) ënker(uhi)
freundlich bari, ënkerakan
Freundschaft ënkerut^{h}jun
Frieden chaRaRut^{h}jun
frieren ßarrtsch^{h}el

Wörterliste Deutsch – Armenisch

frisch (Obst) t^{h}arm
fröhlich urach, swart^h
Frucht mirk^h, pëtuR
früh waR
Frühling garun
Frühstück nachatschasch
frühstücken nachatschaschel
fühlen, sich (iren) sgal
Führung Rekawarut^{h}jun
für -i hamar
fürchten, sich (vor) wachenal (-iz^h)
Fuß wotk^h

G

Gabel pat^{h}arrak^{h}aR
ganz liowin, ambordschowin
Garten partes
Gas gas
Gasse neR poRoz^h, nrbanz^{h}k^h
Gast hjur
Gastfreundschaft hjuraßirut^{h}jun
Gastgeber hjurënkal
Gaststätte pandok
Gebäck chmoreRen
Gebäude schenk^h
geben tal
Gebirge lerrnaschërt^{h}a
Gebühr turk, arshek^h
Geburtstag zënëndjan or
gefährlich wtangawor
gefallen dur gal
Gefängnis bant
Gefäß aman
Gefühl sgaz^{h}munk^h
gegen (wider) hakarrak^h, dem
gegen depi
Gegend teRank^h
gegenüber dimaz^h
gehen gnal, k^{h}ajlel
Geld poR
Gemüse bandschareRen
gemütlich hatsch^{h}eli
genau tschischt
genug bawakan
Georgien Wraßtan
Georgier wraz^{h}i
Georgisch (Sprache) wraz^{h}eren
georgisch wraz^{h}akan
Gepäck uReberr
geradeaus uRiR
gern urachut^{h}jamb
Geschäft (Tätigkeit) gorz
Geschäft (Laden) chanut^h
Geschenk nwer
Geschichte patmut^{h}jun
Gesellschaft haßarakut^{h}jun
Gesetz orenk^h
Gespräch srujz^h
gestern jerek
gesund arroRdsch
Gesundheit arroRdschut^{h}jun
Getränk chmelik^h
Gewicht k^{h}asch
Gewitter amprop
gewöhnen, sich (an) ëntelanal
Gewürz hamemunk^h
Gift t^{h}ujn
Glas (trink-) bashak
Glas (Material) apaki
glauben hawatal
Glück bacht, hadschoRut^{h}jun
glücklich jerdschanik
Gold woßki
Gott aßtwaz
Gramm gram
Grammatik k^{h}erakanut^{h}jun

Gras chot
gratulieren schnorhaworel
Grenze ßahman
Grippe grip
groß mez
Größe (Kleidung u. ä.) tsch^{h}apß
Großmutter tat
Großvater pap
Gruppe chumb
grüßen barewel
gültig ushi medsch
gut law

H

haben unenal
Hafen nawahangißt
Hälfte keß
halten kangnel, pahel
Haltestelle kangarr
Handel arrewtur
hart pind
Haus tun
Hausfrau tënteßuhi
heben bardsraz^{h}nel
Heftpflaster ßpeRani
heiß tak^h
helfen ognel
hell baz^h
Herbst aschun
Herr paron
herzlich dscherm, ßrtagin
heute ajßor
hier ajßteR
Hilfe ognut^{h}jun
hinten jetew
hinter jetewë, jetewum
hoch bardsr
Hochzeit harßanik^h
hoffen hußal
höflich barekirt^h
Holz pajt
hören lßel
Hotel hjuranoz^h
hungrig (sein) ßowaz (linel)
Hygiene higiena

I

ich jeß
ihr/e (Mz.) dser
ihr/e (Ez.) ir
Ihr/e dser
immer mischt
impfen wakz^{h}inajow patwaßtel
in (zeitlich) -in, -um
in (örtlich) -um
Industrie ardjunaberut^{h}jun
Information teRekut^{h}jun
informieren, sich teRekanal
Insekt midschat
Insel këRsi
interessant hetak^{h}rk^{h}ir
interessieren, sich (für) hetak^{h}rk^{h}rwel (worjewe banow)
international midschasgajin

J

ja ajo, ha
Jahr tari
Jahreszeit ßeson
jährlich amen tari
jeder amen mi
jedesmal amen angam
jemand mekë, worjewe mekë
jener ajn
jetzt hima
Journalist lragroR
jung jeritaßard
Junge tRa

Wörterliste Deutsch – Armenisch

K^h

kalt ßarrë, z^{h}urt

kaputt ptsch^{h}az^{h}az

Karte k^{h}art

Kasse dramarkR

Kathedrale tatschar

kaufen gnel, arrnel

kennen tschanatsch^{h}el

Kind jerecha

Kino kino

Kirche jekeRez^{h}i

Kleidung hagußt

klein pok^{h}r

klug chelaz^{h}i

Kneipe bar, ginetun

kochen jepel

Koffer tschampruk

kommen gal

kompliziert bard

Kondom kondom, preserwatiw

können karoRanal

kontrolieren ßtugel

Konzert hamerg

kosten (probieren) hamë teßnel

kosten (Preis) arshenal

kostenlos dsri

krank hiwand

Krankenhaus hiwandanoz^h

Krankheit hiwandut^{h}jun

Krise tschëgnasham

kühl paR, how

Kühlschrank ßarrnaran

Kunst arweßt

kunstgewerbl. Waren arheßti aprank^{h}ner

kurz kartsch

küssen hamburel

L

lächeln shptal

lachen (über etw.) zizaRel

Lage (geogr.) dirk^h, teRadrut^{h}jun

Laken ßawan

Lampe lamp

Land jerkir

Landkarte k^{h}artes

Landschaft landschaft, bnateßaran

Landwirtschaft gjuRatënteßut^{h}jun

lang (Entfernung) jerkar

lang(e) (Zeit) jerkar shamanak

langsam dandaR

langweilig dsandsrali

laufen, rennen wasel

laut bardsr

leben aprel

Leben kjank^h

Lebensmittel ßënëndamterk

ledig amuri

leer datark

legen dnel

Lehrer(in) ußuz^{h}itsch^h (ußuz^{h}tsch^{h}uhi)

leicht (nicht schwer) t^{h}et^{h}ew

leihen, sich (von) partk^h werz^{h}nel (mekiz^h)

lernen ßoworel

lesen kardal

Leute mardik^h

Licht lujß

lieben ßirel

Lied jerg

liegen parrkel, parrkaz linel

links dsach

Loch zak

Löffel gdal

Lohn, Gehalt rrotschik

lügen ßtel

lustig swartschali

M

machen anel, katarel
Mädchen aRdschik
männlich arakan
malen nkarel
Maler nkaritsch^h
man mard
manchmal jerbemn
Mann mard
Markt schuka
Medikament deR
Meer zow
mehr aweli schat
mein/e im
Menge, Quantität k^{h}anak
Mensch mard
merken, sich hischel
Messer danak
mieten wardsel
Minute rope
mit -ow
Mittagessen tschasch
Mittag keßor
Mode moda
möglich hnarawor
Monat amiß
morgen waRë
Morgen arrawot
Motorboot motoranawak
Motorrad motoz^{h}iklet
müde hognaz
Müll aRb
Museum t^{h}angaran
Musik jerashëschtut^{h}jun
müssen petk^h / harkawor linel
Mutter majr

N

nach (Richtung) depi
nach (Zeit) heto
Nachmittag keßoriz^h heto
Nachname asganun
Nachricht lur
nächstes Mal mjuß angam
Nacht gischer
nackt merk
Nadel aßeR
nah motik
Name anun
nass t^{h}az^h
Nationalität asgut^{h}jun
Natur bnut^{h}jun
natürlich (nicht künstl.) bnakan
neben koRk^{h}in, mot
nehmen werz^{h}nel, arrnel
nein wotsch^h, tsch^{h}e
neu nor
neugierig hetak^{h}rk^{h}raßer
nicht tsch^h- , wotsch^h
nichts wotsch^{h}intsch^h
niedrig z^{h}azr
niemals jerbek^h
niemand wotsch^h wok^h
nirgendwo/-hin wotsch^h mi teR
noch einmal mek angam jewß
noch derr
Norden hjußiß
normal normal
notwendig anhrashescht
Nummer hamar
nur miajn

O

ob t^{h}e
oben werew
Obst mirk^h
oder kam
öffnen baz^{h}el
oft hatschach
ohne arranz^h

Öl juR
Onkel k^{h}erri, horjeRbajr
Organ organ
organisieren kasmakerpel
Ort wajr
Osten arewelk^h
Österreich Awßtria
Österreicher Awßtriazi

P

paar mi k^{h}ani
Paar sujg
Päckchen kapoz^h
Palast palat
Panne wnaßwazk^h, wt^{h}arank^h
Papier t^{h}URt^h
Park ajgi
parken kajanel
Pass andsnagir
Patient paz^{h}ient
Pause ëndmidschum
Person ands
Pflanze bujß
Plan plan
Platz teR, hraparak
Platzkarte tomß
plötzlich hankarz
Politik k^{h}aRak^{h}akanut^{h}jun
politisch k^{h}aRak^{h}akan
Polizei woßtikanut^{h}jun
Post(amt) poßt(atun)
Postkarte baz^{h}ik
Preis gin
privat maßnawor
Problem problem
Programm zragir
Prospekt broschjur
pünktlich tsch^{h}ëschtapah

Q

Qualität worak

R

Radiogerät rradio
Rat chorhurd
rauchen zëchel
Raum ßenjak
rechnen haschwel
Rechnung haschiw
Recht irawunk^h
rechts adsch
reden choßel
Regen andsrew
Regenschirm howanoz^h
registrieren granz^{h}el
reich harußt
reif haßaz
Reise UReworut^{h}jun
Resiebüro turißtakan bjuro
reisen UReworut^{h}jun katarel
reparieren norogel
Republik hanrapetut^{h}jun
reservieren reserwel, nachorok^h patwirel
Restaurant rreßtoran
richtig tschischt
Richtung URRUt^{h}jun
roh hum
Rückfahrt weradards
Rucksack rrjuksak
rufen, schreien kantsch^{h}el, gorral
Ruhe hangißt

S

Sache gorz, harz^h
sagen aßel
Salbe k^{h}ßuk^h
Salz aR
sammeln hawak^{h}el

Sand awas
satt kuscht
Satz (Grammatik) nachadaßut^{h}jun
sauber mak^{h}ur
sauber machen mak^{h}rel
sauer t^{h}ët^{h}u
Schallplatte dsajnapnak
scharf ßur, këzu
Scheck tsch^{h}ek^h
Schere mëkrat
schicken, senden uRarkel
schießen krakel
Schiff naw
schlafen knel
Schlafsack nëndschapark
Schlafzimmer nëndschaßenjak
schlagen chpel
schlecht wat
Schlüssel banali
schmackhaft hameR
Schmerz z^{h}aw
schmerzen z^{h}awal
Schmuck sardeRen
schmutzig keRtot
Schnaps oRi
schnell arag
schon arden
schön geRez^{h}ik
schreiben grel
Schuh koschik
schuldig meRawor
Schule dproz^h
Schüler(in) aschakert (aschakert^{h}uhi)
schwanger hRi
Schweiz Schwejz^{h}aria
Schweizer(in) Schwejz^{h}arazi (Schwejz^{h}aruhi)
schwer (nicht leicht) zanr
Schwester k^{h}ujr
schwierig (nicht einfach) dschwar
schwimmen loRal
schwitzen k^{h}rtnel
See litsch
sehen teßnel
Sehenswürdigkeiten teßarshan wajrer
Seide metak^{h}ß
Seife otscharr
sein linel
sein/e ir
seit -iz^h (i wer)
Seite (Richtung) koRm
Sekunde wajrkjan
selbst ßepakan andsë
selten haswadep
setzen, sich nëßtel
sicher wßtah
sie (Ez.) na
sie (Mz.) nrank^h
Sie duk^h
silber arzat^h
singen jergel
sitzen, passen (Kleidung) law nëßtel
sitzen nëßtaz linel
so ajßpeß
sofort ißkujn
Sohn wordi, tëRa
solch(e, er, es) ajßpißi, ajnpißi
sollen harkawor linel
Sommer amarr
Sonne arew
sparen chnajel
spät usch
spazierengehen sboßnel
Speise kerakur
Speisekarte menju
spielen chaRal
Spielzeug chaRalik^h
Sport ßport
Sprache lesu
sprechen choßel
Spritze schpriz^h

Wörterliste Deutsch – Armenisch

Staatsangehörigkeit k^{h}aRak^{h}az^{h}iut^{h}jun
Stadt k^{h}aRak^h
stark usheR
stehen kangnel
Stein k^{h}ar
Stelle, Ort teR
stellen dnel
sterben merrnel
Stil (Architekt.) wotsch
Stimme dsajn
Stoff ktor
stören changarel
Strafe patish
Strand zowap
Straße POROZ^h
Straßenbahn tramwaj
Streichhölzer luz^{h}kiner
streiten witschel
Stück ktor, maß
Student ußanoR
Stunde sham
suchen pëntrel
Süden haraw
Summe gumar
Suppe ßup
süß k^{h}aRZ^{h}r

T^h

Tabak zëchachot
Tablette (deRa)hab
Tag or
täglich orakan
Tal dsor
Tankstelle bensini lz^{h}akajan
Tante horak^{h}ujr, morak^{h}ujr
tanzen parel
tasche pajußak
Taxi tak^{h}ßi
Telefon herrachoß
telefonieren sangel
telegramm herragir
teuer t^{h}ang
Theater t^{h}atron
tief chor
Tier k^{h}endani
Tochter aRdschik, dußtr
Tod mah
Toilette sugaran
Toilettenpapier sugarani t^{h}URt^h
tot merraz
töten ßpanel
Tradition awandujt^h
tragen krel, tanel
traurig tchur
treffen (begegnen) handipel
Treppe aßtitschan
trinken chmel
Trinkgeld t^{h}ejapoR
trocken tsch^{h}or
tschüß z^{h}ë, arrajshm
Tun anel
Tür durr
Turm aschtarak

U

U-Bahn metro
üben warshwel
über (zeitl.) -iz^h
über (örtl.) midschow, wrajow
überall amenurek^h
übermorgen waRë tsch^{h}e mjuß orë
übersetzen (Sprache) t^{h}argmanel
Übersetzer t^{h}argmanitsch^h
Überweisung pochadrel
übrig mnaz^{h}az
Uhr sham
um -in
um zu... wor

Umgebung midschawajr

umtauschen pochanakel

unabhängig ankach

Unabhängigkeit ankachut^{h}jun

Umwelt midschawajr

unbekannt anzanot^h

und jew

Unfall wt^{h}ar

Universität hamalßaran

unschuldig anmeR

unser/e mer

unten nerk^{h}ew

unter tak

Unterhaltung srujz^h, hjuraßirut^{h}jun

Unterkunft bnakaran, harmarut^{h}jun

unterrichten (lehren) daßawandel

unterschreiben ßtoragrel

Urlaub ardsakurd

V

Valuta, Devisen artarshujt, taradram

Vater hajr

verabreden (sich) pajmanaworwel

Verabredung shamadrut^{h}jun

verabschieden (sich) hrasheschttal

verboten (sein) argelel, argelwaz linel

Verbrechen hanz^{h}ank^h

verdienen waßtakel

vergessen morranal

vergnügen, sich swartsch^{h}anal

verirren, sich molorwel

verkaufen watscharrel

verletzt wiraworwaz

Verletzung wnaßwazk^h

verlieben, sich ßiraharwel

verlieren (Dinge) korz^{h}nel

vermieten wardsow tal

Vermittlung herrachoßakajan

Versicherung apahowagrut^{h}jun

verspäten, sich uschanal

versprechen, sich ßchalmamb aßel

verstehen haßkanal

versuchen pordsel

viel schat

vielleicht guz^{h}e

Vogel t^{h}rrtsch^{h}un

Volk shoRowurd, asg

voll lik^{h}ë

von (Ort) -iz^h

vor nachk^{h}an, mintsch^{h}ew

vorbereiten nachapatraßtel

vorgestern jerek tsch^{h}e arradschin orë

vorher nachorok^h

Vormittag arrawot

Vornahme anun

vorne arrdschewum

vorschlagen arradscharkel

vorstellen (Imagination) pat^{h}keraz^{h}nel

vorstellen, sich nerkajanal, zanot^{h}anal

Vorwahlnummer kod

W

Wagen mek^{h}ena

wahr tschischt

während ënt^{h}az^{h}k^{h}um
Wald antarr
Wand pat
wandern schërdschel
wann jerb
Ware aprank
warm tak^h
warten ßpaßel
warum intsch^{h}u
was intsch^h
waschen lwanal
waschen, sich lwaz^{h}wel, loRanal
Wasser dschur
Watte bambak
wechseln pochel
wecken art^{h}naz^{h}nel
Weg tschanaparh
wegen pattscharrow, schnorhiw
weiblich igakan
weil worow hetew
weinen laz^h linel
weit herru
welcher wor(ë)
wenig k^{h}itsch^h
wenn (als) jet^{h}e
wenn (falls) jerb
wer ow
werden darrnal
wessen um
Westen arewmutk^h
Wetter jeRanak
wichtig karewor
wie intsch^{h}peß
wieder noriz^h
wiederholen krknel
wieviel intsch^{h}k^{h}an
Wind k^{h}ami
Winter dsmerr
wir menk^h
Wirtschaft tënteßut^{h}jun
wirtschaftlich tënteßakan
wissen imanal, gitenal
wo worteR
Woche schabat^h
woher worteRiz^h
wohin worteR
wohnen bnakwel
Wohnung bnakaran
wollen usenal
Wort barr
Wörterbuch barraran
Wunde werk^h
wünschen z^{h}ankanal

Z^h

zahlen wtscharel
Zahnarzt atamnabujsh
Zahnpasta atamnak^{h}ßuk^h
zeigen z^{h}ujz^h tal
Zeit shamanak
Zeitung t^{h}ert^h
Zelt wran
Zentrum kentron
Zigarette ßigaret
Zimmer ßenjak
Zoll mak^{h}ßatun
zu Fuß wotk^{h}ow
zu (+ Adjektiv) schat, tsch^{h}apasanz^h
zufrieden goh
Zug gnaz^{h}k^h
zurück jet, het
zusammen miaßin
zuviel schat schat
zwischen midschew

Notizen

Wörterliste Armenisch – Deutsch

-

-i hamar für
-in in *(zeitlich)*, um
-iz aus, über *(zeitl.)*, von *(Ort)*
-iz (i wer) seit
-ow mit
-um in *(örtlich)*, in *(zeitl.)*

A

adsch rechts
ajd patscharrow deshalb
ajgi Park
ajn jener
ajnpißi solch(e, er, es)
ajnteR dort, dorthin
ajo ja
ajrwel brennen
ajß diese(r, s)
ajßor heute
ajßpeß so
ajßpißi solch(e, er, es)
ajßteR hier
ajz Besuch
ajzelel besichtigen, besuchen
ajzelutjun Besuch
aknoz Brille
alkohol Alkohol
aman Gefäß
amarr Sommer
ambORdschowin ganz
amen angam jedesmal
amen int^{h}sch alles
amen mi jeder
amen tari jährlich
amenurek^{h} überall
amiß Monat
amprop Gewitter
amroz Burg
amßat^{h}iw Datum
amuri ledig
amußin Ehemann
amußinner Ehepaar
ands Person
andsnagir Pass
andsrew Regen
anel machen, tun
angleren Englisch *(Sprache)*
Anglia England
anhrasheschtt notwendig
ankach unabhängig
ankachut^{h}jun Unabhängigkeit
anketa Formular
ankoRin Bettzeug
anmeR unschuldig
ant^{h}arr Wald
anun Name, Vorname
anzanot^{h} unbekannt
apa dann
apahowagrut^{h}jun Versicherung
apaki Glas *(Material)*
apazujz Beweis
aprank^{h} Ware
aprel leben
arag schnell
arakan männlich
arden schon
ardsakurd(ner) Urlaub, Ferien
ardjunaberut^{h}jun Industrie
arew Sonne
arewelk^{h} Osten
arewmutk^{h} Westen
argelwaz linel verboten (sein)
arweßti arrar kaner kunstgewerbl. Waren
arradscharkel vorschlagen
arrajshm tschüß

arranz ohne
arrarka Ding
arrawot Morgen, Vormittag
arrdschewum vorne
arrewtur Handel
arrnel kaufen, nehmen
arroRdsch gesund
arroRdschut^{h}jun Gesundheit
arshek^h Preis
arshenal kosten *(Preis)*
artahanum Ausfuhr
artaßahman Ausland
artaßahmanjan ausländisch
artaßahmanzi Ausländer
artaßanut^{h}jun Aussprache
art^{h}nanal aufwachen
art^{h}naznel wecken
arweßt Kunst
arzat^h silber
asat frei
aschakert(uhi) Schüler(in)
aschchataßer fleißig
aschchatel arbeiten
aschchatoR Arbeiter, Angestellte(r)
aschchatoRuhi Arbeiterin
aschtarak Turm
aschun Herbst
aßel sagen
aßeR Nadel
asg Volk
asganun Familienname, Nachname
asgut^{h}jun Nationalität
aßtitschan Treppe
aßtwaz Gott
atamnabujsh Zahnarzt
atamnak^{h}ßuk^h Zahnpasta
awak^h choharar Chefkoch *(Rest.)*
awandujt^h Tradition
awartel beenden
awas Sand
aweli law besser
aweli schat mehr
Awßtria Österreich
Awßtriazi Österreicher
awto Auto
awtobuß Bus
aR Salz
aRb Müll
aRdschik Mädchen, Tochter
aRk^{h}at arm

B

bacht Glück
bajz aber
bambak Watte
ban Ding
banali Schlüssel
bandschareRen Gemüse
bank Bank *(Geld)*
bant Gefängnis
bar Kneipe
barak dünn
barbarr Dialekt
bard kompliziert
bardsr hoch, laut
bardsranal einsteigen
bardsraznel heben
barekirt^h höflich
barewel grüßen
bari freundlich
barr Wort
barraran Wörterbuch
bashak (Trink-)Glas
bawakan genug
baRnik^h Badezimmer
baz hell
bazatrel erklären
bazel öffnen
bazik Postkarte
bensin Benzin
berel (her-)bringen

Wörterliste Armenisch – Deutsch

besini Izakajan Tankstelle
bint Binde
blank Fomular
blokada Blockade
bnakan natürlich *(n. künstl.)*
bnakaran Unterkunft
bnakaran Wohnung
bnakit^hsch Einwohner
bnakwel wohnen
bnateßaran Landschaft
bnut^hjun Natur
boRok^hel sich beschweren
broschjur Prospekt
bshischk Arzt
bujß Pflanze
bushel behandeln *(Krankh.)*
but^h dumm

C

changarel stören
chanut^h Geschäft
chap^hel betrügen
charal spielen
charalik^h Spielzeug
chararut^hjun Frieden
chelazi klug
chënt^hrank^h Bitte
chënt^hrel bitten
chmel trinken
chmelik^h Getränk
chmoreRen Gebäck
chnajel sparen
chonaw feucht
chor tief
chorhurd Rat
chorhurd tal empfehlen
choßel sprechen
chot Gras
chp^hel schlagen
chumb Gruppe

D

dadarel aufhören
dadark leer
danach het'o
danak Messer
dandaR langsam
darrnal werden
daßawandel unterrichten *(lehren)*
dascht Feld
dem gegen *(wider)*
depi gegen, nach *(Richtung)*
depk^h Ereignis
derr noch
deßpanatun Botschaft *(dipl.)*
deR Medikament
deRahab Tablette
deRatun Apotheke
dimaz gegenüber
dirk^h Lage *(geogr.)*
dißkoteka Diskothek
dnel legen, stellen
dp^hroz Schule
dra hamar darum, deshalb
dramarkR Kasse
dranow damit
dsach links
dsajn Stimme
dsajnapnak Schallplatte
dsandsrali langweilig
dscherm herzlich
dschermut^hjun Fieber
dschur Wasser
dschwar schwer
dser euer/e, Ihr/e, ihr/e *(Mz.)*
dserrk^h berel erhalten
dsmerr Winter
dsor Tal
dsri kostenlos
dsu Ei

dsuk Fisch
du du
duk^h Sie
dur gal gefallen
durr Tür
dußtr Tochter

E

element Batterie
ëndmidschum Pause
ënker(uhi) Freund(in)
ënkerakan freundlich
ënkerut^{h}jun Freundschaft
ëntanik^h Familie
ëntelanal sich gewöhnen (an)
ënt^{h}azk^{h}um während
ënt^{h}rik^h Abendessen
eshan billig

F

fermer Bauer
film Film
flirtow sbaRwel flirten
folklor Folklore

G

gal kommen
garash Autowerkstatt
garedschur Bier
garun Frühling
gas Gas
gdal Löffel
gerasanz ausgezeichnet
germanakan deutsch
germaneren Deutsch *(Sprache)*
Germania Deutschland
germanuhi (germanazi) Deutsche(r)
get Fluss
geRezik schön
gin Preis
ginetun Kneipe
girk^h Buch
gischer Nacht
gitenal wissen
gjuR Dorf
gjuRatënteßut^{h}jun Landwirtschaft
gnal gehen
gnazk^h Zug
gnel kaufen
goh zufrieden
gorral rufen, schreien
gorz Geschäft *(Tätigkeit)*, Ruhe
gorzaran Fabrik
goRut^{h}jun Diebstahl
gram Gramm
granzel registrieren
graßenjak Büro
grel schreiben
grip^h Grippe
gtnel finden
gujn Farbe
gumar Summe
gunawor bunt
guze vielleicht

H

ha ja
hadschoRut^{h}jun Erfolg, Glück
hagußt Kleiding
haj Armenier
Hajaßtan Armenien
hajeren armenisch *(Sprache)*
hajkakan armenisch
hajr Vater
hajtni berühmt
hajuhi Armenierin
hakarrak gegen *(wider)*

Wörterliste Armenisch – Deutsch

hamadsajn linel einverstanden (sein)
hamalßaran Universität
hamar Nummer
hamburel küssen
ham teßel kosten *(probieren)*
hamemunk^h Gewürz
hamerg Konzert
hameʀ schmackhaft
handipel treffen
hangißt ruhig
hangßtanal sich erholen
hankarz plötzlich
hanrapetut^{h}jun Republik
hanwel ausziehen *(Kleidung)*
haraw Süden
hark Etage
harkawor linel müssen, sollen, brauchen
harmarut^{h}jun Unterkunft
harp^{h}az betrunken
harßanik^h Hochzeit
harußt reich
harz Frage, Sache
harznel fragen
haßakawor kin Alte
haßakawor mard Alter
haßarak einfach
haßarakut^{h}jun Gesellschaft
haßaz reif
haschiw Rechnung
haschwel rechnen
haßkanal verstehen
haßt dick
haswadep selten
haßze Adresse
hatschach oft
hatscheli gemütlich
hawak^{h}el sammeln
hawatal glauben
haz Brot
herrachoß Telefon
herrachoßakajan Vermittlung
herragir Telegramm
herru fern, weit
herrußtazujz Fernsehen
het zurück
hetak^{h}rk^{h}ir interessant
hetak^{h}rk^{h}raßer neugierig
hetak^{h}rk^{h}rwel (worjewe banow) sich interessieren (für)
heto dann, nach *(Zeit)*
hezaniw Fahrrad
higiena Hygiene
hima jetzt
himar dumm
hin alt *(nicht neu)*
hischatak Andenken
hischel erinnern, (sich) merken
hiwand krank
hiwandanoz Krankenhaus
hiwandut^{h}jun Krankheit
hjur Gast
hjuranoz Hotel
hjuraßirut^{h}jun Gastfreundschaft, Unterhaltung
hjurënkal Gastgeber
hjußiß Norden
hnarawor möglich
hognaz müde
hojakap ausgezeichnet
horak^{h}ujr Tante *(Schwester d. Vaters)*
horjeʀbajr Onkel *(Bruder des Vaters)*
how kühl
howanoz Regenschirm
hraparak Platz
hrasheschtal (sich) verabschieden
hrawer Einladung

hrawirel einladen
hum roh
hußal hoffen
huschardsan Denkmal
hRi schwanger

I

idschnel aussteigen
igakan weiblich
ik^{h}nat^{h}irri tomß Flugticket
im mein/e
imanal wissen
ink^{h}nat^{h}irr Flugzeug
int^{h}sch was
int^{h}schk^{h}an wieviel
int^{h}schpeß wie
int^{h}schu warum
ir Ding, ihr/e *(Ez.)*, sein/e
irawunk^h Recht
iren sgal sich fühlen
ißkakan echt
ißkujn sofort

J

jekeRezi Kirche
jelk^h Ausgang
jep^{h}el kochen
jerashëschtut^{h}jun Musik
jerb wann, wenn *(falls)*
jerbek^h niemals
jerbemn manchmal
jerdschanik glücklich
jerecha Kind
jerek gestern
jerek t^{h}sche arradschin orë vorgestern
jereko Abend
jerg Lied
jergel singen
jeritaßard jung
jerkar lang *(Entfernung)*
jerkar shamanak lang(e) *(Zeit)*
jerkat^{h}uRajin kajaran Bahnhof
jerkat^{h}uRi Eisenbahn
jerkir Erde, Land
jerkragund Erde
jerkrascharsh Erdbeben
jerp als *(zeitl.)*
jeß ich
jet zurück
jetew hinten
jetewë hinter
jetewum hinter
jet^{h}e wenn *(als)*
jew und
jeRanak Wetter
jeRaw einverstanden
jeRpajr Bruder
juR Öl

K

kajanel parken
kam oder
kamurdsch Brücke
kanchik p^{h}oR Bargeld
kang arrnel anhalten
kangarr Haltestelle
kangnel (an)halten, stehen
kant^{h}schel rufen, schreien
kapoz Päckchen
kardal lesen
karenal dürfen
karewor wichtig
karoRanal können
karruzel bauen
kartsch kurz
kasmakerpel organisieren
katarel machen
kendani Tier

kentron Zentrum
kerakur Speise
keß Hälfte
keßor Mittag
këRsi Insel
keRtot^h schmutzig
këzu scharf *(Speise)*
kin Ehefrau, Frau
kino Kino
kjank^h Leben
kod Vorwahl
kondom Kondom
korznel verlieren *(Dinge)*
koschik Schuh
koRk^{h}in neben
koRm Seite
krak Brand, Feuer
krakel schießen
krel tragen
krknel wiederholen
krzk^{h}awandak Brust(korb)
ktor Stoff, Stück
ktur Dach
kurzk^h Brust *(weibl.)*
kuscht satt
k^{h}ajlel gehen
k^{h}ami Wind
k^{h}an als *(Vergleich)*
k^{h}anak Menge, Quantität
k^{h}ani wor da
k^{h}ar Stein
k^{h}art Karte
k^{h}artes Landkarte
k^{h}asch Gewicht
k^{h}aRak^h Stadt
k^{h}aRak^{h}akan politisch
k^{h}aRak^{h}akanut^{h}jun Politik
k^{h}aRak^{h}azi (Staats-)Bürger
k^{h}aRak^{h}aziut^{h}jun Staatsangehörigkeit
k^{h}aRzr süß
k^{h}erakanut^{h}jun Grammatik
k^{h}erri Onkel
k^{h}it^{h}sch wenig
k^{h}nel schlafen
k^{h}o dein/e
k^{h}rtnel schwitzen
k^{h}schel fahren
k^{h}ßuk^h Salbe
k^{h}ujr Schwester

L

lajn breit
lamp Lampe
landschaft Landschaft
law gut
law nëßtel sitzen, passen *(Kleidung)*
laz linel weinen
lerrnaschëRt^{h}a Gebirge
lesu Sprache
lik^{h}ë voll
linel sein
liowin ganz
litsch See
loRal schwimmen, baden
loRanal sich waschen
loRaßenjak Badezimmer
loRasgeßt Badeanzug
loRawartik^h Badehose
lragroR Journalist
lßel hören
lujß Licht
lur Nachricht
lußankar Foto
lußankar Bild
lußankart^{h}schakan aparat Fotoapparat
luzkiner Streichhölzer
lwanal waschen
lwazwel sich waschen

M

mah Tod
mahtschakal Bett
majr Mutter
mak^{h}rel sauber machen
mak^{h}ßatun Zoll
mak^{h}ur sauber
mard man, Mann, Mensch
mardik^{h} Leute
martkoz Batterie
maß Stück, Teil
maßnagitut^{h}jun Beruf
maßnawor privat
mat Finger
matit Bleistift
mek angam jewß noch einmal
mekë jemand
meknel abfliegen, abreisen
mĕkrat Schere
mek^{h}ena Auto, Wagen
menak allein
menju Speisekarte
menk^{h} wir
mer unser/e
merk nackt
merraz tot
merrnel sterben
metakß Seide
metro U-Bahn
meRawor schuldig
mez groß
mi angam einmal
mi k^{h}ani einige, paar
mi k^{h}it^{h}sch etwas, bisschen
miajn nur
miaßin zusammen
midschasgajin international
midschat Insekt
midschawajr Umgebung, Umwelt
midschew zwischen
midschow durch (hindurch), über *(örtl.)*
mimjanz einander
mint^{h}schew vor, bevor, bis
mirk^{h} Frucht, Obst
miß Fleisch
mischt immer
mjuß angam nächstes Mal
mnal bleiben
mnalë Aufenthalt
mnazaz übrig
moda Mode
molorwel sich verirren
morak^{h}ujr Tante *(Schwester der Mutter)*
morranal vergessen
mot bei, neben
motaworapeß etwa
motik nah
motoranawak Motorboot
motoziklet Motorrad
mrßaz linel erkältet sein
mtazel denken
mug dunkel *(Farbe)*
mut^{h} dunkel
mutk^{h} Eingang

N

na er, sie *(Ez.)*
nachadaßut^{h}jun Satz
nachapatraßtel vorbereiten
nachatschasch Frühstück
nachatschaschel frühstücken
nachk^{h}an vor, bevor, vorher
nachorok^{h} patwirel reservieren

Wörterliste Armenisch – Deutsch

najew auch
namak Brief
namakanisch Briefmarke
naw Schiff, Boot
nawahangißt Hafen
nëndschapark Schlafsack
nëndschaßenjak Schlafzimmer
nerkajanal (sich) vorstellen, (sich) bekanntmachen
nerk^{h}ew unten
nermuzum Einfuhr
neroRut^{h}jun chënt^{h}rel sich entschuldigen
nerß mtnel eintreten
nëßtaz linel sitzen *(nicht stehen)*
nëßtel einsteigen, sitzen
neR eng
neR p^{h}oRoz Gasse
nkarel fotografieren, malen
nkarit^{h}sch Maler
nor neu
noriz wieder
normal normal
norogel reparieren
nrank^h sie *(Mz.)*
nrbanzk^h Gasse
nujnpeß auch
nwer Geschenk

O

odanaw Flugzeug
odanawakajan Flughafen
ognel helfen
ognut^{h}jun Hilfe
or Tag
orakan täglich
orenk^h Gesetz
organ Organ
orinak Beispiel
oriord Fräulein
otar fremd
otscharr Seife
ow wer
oRi Schnaps

P

pahel halten
pajmanaworwel (sich) verabreden
pajußak Tasche
palat Palast
pandok Gaststätte
pap Großvater
parel tanzen
paron Herr
parrkel liegen
partes Garten
partk^h werznel (mekiz) sich leihen (von)
pat Wand
patarrak^{h}aR Gabel
pataßchan Antwort
pataßchanel antworten
patish Strafe
patkeraznel vorstellen *(Imagination)*
patmel erzählen
patmut^{h}jun Geschichte
patraßt fertig
patshel bestrafen
patuhan Fenster
patwirel bestellen
patwirel buchen
patscharrow wegen
pat^{h}wer Bestellung
paR kühl
paRparak Eis (Speise-)
pazient Patient
petk^h linel müssen, brauchen
pëtuR Frucht
pind fest, hart
plan Plan
poßt(atun) Post(amt)

preserwatiw Kondom
problem Problem
p^{h}ajt Holz
p^{h}arrkaz linel liegen
p^{h}aßtat^{h}uRt^h (p^{h}aßtat^{h}Rt^{h}er) Dokument
p^{h}ëntrel suchen
p^{h}ochadramidschoz Fahrzeug
p^{h}ochadrel Überweisung
p^{h}ochanakel umtauschen
p^{h}ochel wechseln
p^{h}ok^{h}r klein
p^{h}ordsel versuchen
p^{h}orluzut^{h}jun Durchfall
p^{h}oR Geld
p^{h}oRoz Straße
p^{h}taz faul *(Obst)*
p^{h}t^{h}schazaz faul *(Obst)*, kaputt

R

reserwel reservieren
rope Minute
rradio Radio
rreßtoran Restaurant
rrjuksak Rucksack
rrotschik^h Lohn

S

sangel telefonieren
sardeRen Schmuck
sboßnel spazierengehen
schabat^h Woche
schat viel, zu (+ Adjektiv)
schat bari einverstanden
schat schat zuviel
schenk^h Gebäude
schërdschel wandern
schinel bauen
schisch Flasche
schnorhakalut^{h}jun danke
schnorhakalut^{h}jun hajtnel danken
schnorhaworel gratulieren
schnorhiw wegen
schpriz Spritze
schtap dringend
schtapel sich beeilen
schuka Markt
schutow bald
Schwejzarazi Schweizer
Schwejzaria Schweiz
Schwejzaruhi Schweizerin
seRdschum Ermäßigung
sgazmunk^h Gefühl
sham Stunde, Uhr
shamadrut^{h}jun Verabredung
shamanak Zeit
shamanel ankommen
shamanum Ankunft
shoRowurd Volk
shptal lächeln
srujz Gespräch, Unterhaltung
sugaran Toilette
sugarani t^{h}uRt^h Toilettenpapier
sujg Paar
swart^h fröhlich
swartschali lustig
swartschanal sich vergnügen

ß

ßa diese(r, s)
ßahman Grenze
ßakarkel (gni maßin) feilschen
ßar Berg
ßarrë kalt
ßarrnaran Kühlschrank
ßarrt^{h}schel frieren
ßawan Laken

ßchal falsch, Fehler
ßchalmamb aßel sich versprechen
ßënëndamterk^h Lebensmittel
ßenjak Raum, Zimmer
ßep^{h}akan andsë selbst
ßep^{h}akanater Besitzer
ßep^{h}akanut^{h}jun Eigentum
ßeson Jahreszeit
ßigaret Zigarette
ßiraharwel sich verlieben
ßirel leiben
ßkßel anfangen
ßowaz (linel) hungrig (sein)
ßoworel lernen
ßoworut^{h}jun Brauch
ßpanel töten
ßpaßel warten
ßpeRani Heftpflaster
ßport Sport
ßrtagin herzlich
ßtanal empfängen, erhalten
ßtoragrel unterzeichnen
ßtugel kontrolieren
ßup Suppe
ßur scharf
ßut aßel lügen

T

tak^h heiß, warm
tak unter
tak^{h}ßi Taxi
tanel tragen, hinbringen
taradram Valuta, Devisen
tari Jahr
tarik^h (Lebens-)Alter
tarr Buchstabe
tat^h Großmutter
tatschar Kathedrale
tchur traurig
tënteßakan wirtschaftlich
tënteßuhi Hausfrau
tënteßunt^{h}jun Wirtschaft
teßarshan wajrer Sehenswürdigkeiten
teßnel sehen
tewel dauern
teR Platz *(Ort)*
teR Stelle
tëRa Sohn
teRadrut^{h}jun Lage *(geogr.)*
teRekanal informieren
teRekaznel benachrichtigen
teRekut^{h}jun Auskunft, Information
tomß Fahrkarte, Platzkarte
tomßi arshek^h Fahrpreis
ton Fest
tonakatarum Feier
tonel feiern
tun Haus
turißtakan bjuro Reisebüro
tRa Junge
t^{h}al geben
t^{h}ang teuer
t^{h}angaran Museum
t^{h}arach Eiter
t^{h}argmanel übersetzen
t^{h}argmanit^{h}sch Dolmetscher, Übersetzer
t^{h}arm frisch
t^{h}atron Theater
t^{h}az nass
t^{h}e ob
t^{h}ejap^{h}oR Trinkgeld
t^{h}el Faden
t^{h}ert^h Zeitung
t^{h}ert^h Blatt

t^{h}et^{h}ew leicht (*nicht schwer*)
t^{h}ët^{h}u sauer
t^{h}orrnik Enkel(in)
t^{h}ramwaj Straßenbahn
t^{h}rrt^{h}schel abfliegen, fliegen
t^{h}rrt^{h}schun Vogel
tschampruk Koffer
tschanaparh Weg
tschanat^{h}schel kennen
tschasch Mittagessen
tschëgnasham Krise
tschëschtapah pünktlich
tschischt genau, richtig, wahr
t^{h}sch- nicht
t^{h}schapß Größe (*Kleidung u. ä.*)
t^{h}schap^{h}asanz zu (+ Adjektiv)
t^{h}sche nein
t^{h}schek^h Scheck
t^{h}schor trocken
t^{h}ujl tal erlauben
t^{h}ujltwut^{h}jun Erlaubnis
t^{h}ujltwut^{h}jun unenal dürfen
t^{h}ujn Gift
t^{h}uRt^h Papier
t^{h}wakan Datum

U

um wessen
unenal haben
urach fröhlich
urachanal sich freuen
urachut^{h}jamb gern
ußanoR Student
usch spät
uschanal sich verspäten
usenal wollen
usheR stark
ushi medsch gültig
ußuzit^{h}sch Lehrer
ußuzt^{h}schuhi Lehrerin
utel essen
uRarkel schicken
uReberr Gepäck
uRekzel begleiten
uRewoRut^{h}jun Reise
uRewoRut^{h}jun katarel reisen
uRiR geradeaus
uRRut^{h}jun Richtung

W

wach Angst
wachenal (-iz) sich fürchten
wajr Ort
wajrkjan Sekunde
wakzinajow patwaßtel impfen
wardsel mieten
wardsow tal vermieten
warel fahren
warrwel brennen
warshwel üben
wasel laufen, rennen
waßtakel verdienen
wat schlecht
watscharrel verkaufen
waR früh
waRë morgen
waRë t^{h}sche mjuß orë übermorgen
wer kenal aufstehen
weradardz Rückfahrt
werapahel buchen, reservieren
werdsch Ende
werew oben
werk^h Wunde
wermak Decke (*Bett*)
werznel nehmen
wiraworel beleidigen
wiraworwaz verletzt
witschel streiten
wnaßwazk^h Verletzung, Panne
wor dass, um zu ...

wor(ë) welcher
worak Qualität
wordi Sohn
worjewe mekë jemand
woroschel entscheiden
worow hetew weil
worteR wo, wohin
worteRiz woher
woßki Gold
woßtikanut^{h}jun Polizei
wotk^{h} Fuß
wotow zu Fuß
wot^{h}sch nein, nicht-
wotsch Stil *(Architekt.)*
wot^{h}sch bard einfach
wot^{h}sch mi teR nirgendwo/-hin
wot^{h}sch wok^{h} niemand
wot^{h}schint^{h}sch nichts
woRdschunel begrüßen
wra auf
wrajow über *(örtl.)*
wran Zelt
Wraßtan Georgien
wrazak^{h}an georgisch
wrazeren Georgisch *(Sprache)*
wrazi Georgier
wßtah sicher
wtangawor gefährlich
wt^{h}ar Unfall
wt^{h}arank^{h} Panne
wtscharel zahlen, bezahlen
Rekawarut^{h}jun Führung

Z

zak Loch
zanot^{h}anal sich vorstellen
zanr schwer
zaraw (linel) Durst (haben)
zarr Baum
zarrajoR Angestellte(r)
zarrajut^{h}jun Behörde
zaRik Blume
zëchachot Tabak
zënëndjan or Geburtstag
zer alt *(nicht jung)*
zizaRel (mi bani wra) lachen (über etwas)
znoRner Eltern
zow Meer
zowap^{h} Strand
zragir Programm
zrar Briefumschlag
zujl faul *(träge)*
zachk^{h} Kosten
zankanal wünschen
zaw Schmerz
zawal schmerzen
zazr niedrig
zë tschüß
zëchel rauchen
zujz tal zeigen
zurt kalt
zuzahandeß Ausstellung

Notizen

Der Autor

Robert Avak, geboren 1966, studierte von 1986 bis 1990 Englisch und Deutsch an der Fachhochschule für Übersetzen in Maastricht (Niederlande). Er ist zur Zeit als Dolmetscher und Übersetzer für Armenisch tätig, hauptsächlich im Bereich Asylrecht.
„Allein in den Jahren 1995 bis 1998 bin ich dreimal nach Armenien gereist. Die große Liebe zu meiner armenischen Muttersprache, die Schönheit von Jerewan, der Hauptstadt Armeniens und meine grenzenlose Bewunderung für dieses kleine gebirgige Land im Kaukasus, das von einem gastfreundlichen Volk mit Sinn für Humor bewohnt wird, hat mich zur Anfertigung dieses Sprachführers angeregt. Hoffentlich wird dieses Büchlein ebenfalls eine kleine Anregung sein für alle, die Armenien besuchen wollen.

Ich widme dieses Buch meiner Frau Lilit in größter Liebe."